SOBRE O SUICÍDIO

Karl Marx

SOBRE O SUICÍDIO

Tradução
Rubens Enderle
Francisco Fontanella

Inclui ensaio de Michael Löwy,
"Um Marx insólito"
Tradução
Maria Orlanda Pinassi
Daniela Jinkings

Copyright da tradução © Boitempo Editorial, 2006
Traduzido do original alemão: *Peuchet: vom Selbstmord*

Coordenação editorial	Ivana Jinkings e Aluizio Leite
Assistência	Ana Paula Castellani
Tradução de Karl Marx	Rubens Enderle e Francisco Fontanella
Tradução Michael Löwy	Maria Orlanda Pinassi e Daniela Jinkings
Capa	Antonio Kehl (sobre desenho de Loredano)
Revisão	Leticia Braun e Ana Paula Figueiredo
Cronobiografia resumida de Marx	Daniela Jinkings e Gustavo Moura
Editoração eletrônica	Gapp Design
Coordenação de produção	Juliana Brandt
Assistência de produção	Livia Viganó

CIP-BRASIL.CATALOGAÇÃO-NA-FONTE
SINDICATO NACIONAL DOS EDITORES DE LIVROS, RJ.

M355s

Marx, Karl, 1818-1883
Sobre o suicídio / Karl Marx ; tradução de Rubens Enderle e Francisco Fontanella. - São Paulo : Boitempo, 2006

Conteúdo parcial: Um Marx insólito / Michael Löwy ; tradução Maria Orlanda Pinassi, Daniela Jinkings
Inclui cronobiografia de Marx
ISBN 978-85-7559-078-2

1. Peuchet, J. (Jacques), 1758-1830. 2. Suicídio. I. Löwy, Michael, 1938-. Um Marx insólito. II. Título.

06-0524.   CDD 362.28
                                                                           CDU 364.277

É vedada a reprodução de qualquer parte
deste livro sem a expressa autorização da editora.

1ª edição: março de 2006; 1ª reimpressão: abril de 2008;
1ª edição revista: abril de 2011; 11ª reimpressão: fevereiro de 2025

BOITEMPO
Jinkings Editores Associados Ltda.
Rua Pereira Leite, 373
05442-000 São Paulo SP
Tel.: (11) 3875-7250 / 3875-7285
editor@boitempoeditorial.com.br | boitempoeditorial.com.br
blogdaboitempo.com.br | youtube.com/tvboitempo

SUMÁRIO

APRESENTAÇÃO 7
UM MARX INSÓLITO, *Michael Löwy* 13
SOBRE O SUICÍDIO 21
NOTAS DO EDITOR 53
ÍNDICE ONOMÁSTICO 59
CRONOBIOGRAFIA RESUMIDA
DE KARL MARX 65
OBRAS DE KARL MARX
PUBLICADAS NO BRASIL 81

APRESENTAÇÃO

Sobre o suicídio é o quinto volume da coleção com a qual a Boitempo pretende abarcar – sempre em novas traduções, diretamente do alemão, anotadas e comentadas – o fundamental da obra dos fundadores do materialismo histórico, Karl Marx e Friedrich Engels, e disponibilizá-lo em português do Brasil. Os títulos já lançados são o *Manifesto Comunista* (edição comemorativa dos 150 anos do panfleto, em 1988, com uma introdução que o situa historicamente, ensaios de seis especialistas e prefácios de Marx e Engels a todas as edições conhecidas); *A sagrada família*, traduzida e comentada por Marcelo Backes; os *Manuscritos econômico-filosóficos*, traduzido por Jesus Ranieri, autor também de um importante ensaio introdutório; e, finalmente, *Crítica da filosofia do direito de Hegel*, com tradução de Rubens Enderle (responsável também pela apresentação) e Leonardo de Deus. Os próximos títulos a serem lançados são *A situação da classe trabalhadora na Inglaterra*, de Engels, com supervisão e introdução de José Paulo Netto, e *A ideologia alemã*, de Marx e Engels – texto magistral, em que os autores articulam os elementos para constituir uma teoria explicativa das condições históricas de produção e reprodução da vida dos homens –, também traduzido por Rubens Enderle, com apresentação de

Apresentação

Emir Sader. Nas capas de todos os títulos dessa série há ilustrações inéditas de Cássio Loredano.

O presente ensaio de Marx foi originalmente impresso no *Gesellschaftsspiegel* ("espelho da sociedade"), Órgão de Representação das Classes Populares Despossuídas e de Análise da Situação Social Atual (ano II, número VII, Elberfeldt, janeiro de 1846). Enquanto o autor viveu, o texto não teve outra edição. Tampouco há alguma menção conhecida na correspondência de Marx sobre esse ensaio. Em 1932 foi publicado novamente em alemão, no tomo 1.3 das obras completas de Marx-Engels (*Marx-Engels--Gesamtausgabe – MEGA*) com poucas notas dos editores. Naquele volume, incluíam-se também os bastante conhecidos *Manuscritos econômico-filosóficos* e *A sagrada família*.

O texto sobre Peuchet e o suicídio não foi incorporado também na *Marx-Engels-Werkausgabe* (*MEW*), publicada entre 1956 e 1968, na República Democrática Alemã (RDA), com menos pretensão à completude. Uma primeira tradução para o inglês foi publicada em 1975, no tomo 4 da edição das *Collected Works* de Marx e Engels, organizada em Moscou, mais uma vez com anotações bastante escassas. No âmbito da segunda *MEGA*, de 1975, iniciada em Moscou e Berlim Oriental e continuada sob novas diretrizes editoriais e sob encargo ocidental, o tomo correspondente, que deveria incluir esse texto, ainda não aparece. Em 1983, Maximilien Rubel publicou, no tomo 3 da sua edição pela Gallimard (Marx, *Oeuvres*), um resumo abreviado em francês, ao qual acrescentou quatro páginas de notas editoriais. Em 1992 foi publicada uma edição francesa sob o título *À propos du suicide*, de Marx e Peuchet.

Sobre o suicídio

O pequeno tomo contém a introdução do editor, Philippe Bourrinet, notas editoriais e materiais suplementares, bem como o prefácio do editor das *Mémoires tirés des archives de la police de Paris*, de Peuchet, publicado em 1838 – de cujas contribuições biográficas Marx lança mão. As *Mémoires* nunca foram publicadas novamente.

O interesse de Marx sobre esse assunto desperta curiosidade. Jacques Peuchet (1758-1830)[1], espécie de "coautor" deste livro, era um ex-arquivista policial com uma trajetória de vida peculiar. Além de se dedicar aos trabalhos nos arquivos da Polícia, exerceu outros cargos públicos e foi membro do partido monarquista. Assumiu a direção do jornal monarquista *Mercure*, de Mallet du Pan, e publicou, em 1800, o *Géographie Commerçante*, que lhe valeu a indicação a membro do Conseil de Commerce et des Arts. Posteriormente ocupou um cargo de destaque no ministério de François de Neufchâteau. Diretamente e como escritor, Peuchet influenciou os oradores na Assembleia Constituinte, na Convenção, no Tribunal e no Corpo Legislativo durante a Restauração. Suas estatísticas da França são a mais conhecida dentre suas muitas obras, na maioria sobre economia. Sua contribuição também se estende ao que se pode chamar de uma bem estruturada crítica social. Em sua longa experiência nos departamentos de administração e de Polícia, chamaram-lhe a atenção os inúmeros casos de suicídio. Seu interesse crescente pelas causas desse mal

---

[1] De acordo com o texto de Marx (p. 22), Jacques Peuchet teria nascido em 1760. Mas a data correta é 1758.

Apresentação

levaram-no a traçar uma breve, mas profunda, análise das relações e comportamentos humanos degradantes enraizados na sociedade da época.

***

Para a presente edição, apoiamo-nos principalmente na publicação original de Marx, lançada em 1846, e na edição inglesa organizada sob a forma de livro em 1999 por Kevin Anderson e Eric Plaut (*Marx on suicide*, Evanston, Northwest University). A tradução de Rubens Enderle e Francisco Fontanella foi feita a partir da edição alemã *Vom Selbstmord* (ISP-Verlag, Köln, 2001) – o título original do ensaio de Marx, entretanto, era "Peuchet: vom Selbstmord". Nossa versão mantém a forma gráfica do texto alemão, ou seja, a pontuação, os itálicos e destaques em aspas são rigorosamente respeitados. No que diz respeito à tradução de títulos de obras, ao uso de aspas e/ou itálico para destacar autores, obras ou palavras específicas, seguimos o original de Marx – ainda que por vezes fira as normas editoriais da Boitempo –, na medida em que o uso das aspas e do itálico tem, para ele, muitas vezes a função de chamar a atenção para aquilo que está dizendo, citando ou referindo; e esse destaque ficaria enfraquecido se assinalássemos também as obras que o autor não pretende – por alguma razão – destacar. Eventuais disparidades nas citações em francês devem-se provavelmente ao fato de a edição alemã ter optado por transcrever o que Marx deixa em francês, com total liberdade sobre a obra de seu "coautor".

Para a montagem deste volume, seguimos praticamente todos os critérios dos editores ingleses. Por exemplo, assinalamos em negrito todos os acréscimos feitos por Marx ao texto original de Peuchet; os apontamentos do próprio Marx foram impressos em itálico. Nas partes em que Marx omite trechos de Peuchet, Kevin Anderson e Eric Plaut acrescentaram o texto francês (traduzido) em notas de rodapé. As chamadas das notas – feitas com asterisco – aparecem sempre onde começa a omissão e o texto consta no pé das páginas. Comentários explicativos da edição inglesa encontram-se em notas ao fim do texto e são indicados por números.

Nossa publicação vem ainda acompanhada de um índice onomástico, no qual incluímos referências sobre personagens citadas no ensaio de Marx e também na introdução, "Um Marx insólito", de Michael Löwy (traduzida por Maria Orlanda Pinassi e Daniela Jinkings). Nesse texto, erudito e esclarecedor, Löwy refaz o percurso que levou Marx a adentrar na esfera da vida privada, das angústias da existência mediada pela propriedade e pelas relações de classe, e que antecipa temas como o direito ao aborto, o feminismo e a opressão familiar na sociedade capitalista. No fim do volume encontram-se uma relação das obras de Marx publicadas no Brasil e sua cronobiografia resumida – que contém aspectos fundamentais da vida pessoal, da militância política e da produção teórica –, com informações úteis ao leitor, iniciado ou não na obra do filósofo alemão.

Ivana Jinkings
fevereiro de 2006

UM MARX INSÓLITO

Entre os escritos de Marx, há um documento muito pouco conhecido; trata-se de "Peuchet: vom Selbstmord", de 1846, peça composta de passagens traduzidas para o alemão de *Du suicide et des ses causes,* um capítulo das memórias de Jacques Peuchet.

Em vários aspectos, esse documento de Marx se distingue do restante de sua produção[1]:

1) Não se trata de uma peça escrita pelo próprio Marx, mas composta, em grande parte, de excertos, traduzidos ao alemão, de outro autor. Marx tinha o hábito de preencher seus cadernos de notas com excertos desse tipo, mas jamais os publicou, e menos ainda sob sua própria assinatura.

2) O autor escolhido, Jacques Peuchet, não era economista, historiador, filósofo, nem socialista, e sim um antigo diretor dos Arquivos da Polícia sob a Restauração!

3) O texto do qual foram selecionados os excertos não é uma obra científica, mas uma coleção informal de incidentes e episódios, seguidos de alguns comentários.

---

[1] Remeto à introdução de Kevin Anderson e Eric Plaut à tradução inglesa do ensaio, publicado em 1999 (*Marx on suicide*), no qual certamente essas particularidades estão mencionadas.

4) O tema do artigo não concerne ao que habitualmente se considera esfera econômica ou política, mas à vida privada: o suicídio.

5) A principal questão social discutida em relação ao suicídio é a opressão das mulheres nas sociedades modernas.

Se cada um desses traços é raro na bibliografia de Marx, a reunião deles neste texto é *única*.

Tendo em vista a natureza do artigo, poderia ele ser considerado parte integrante dos escritos de Marx? Além de havê-lo assinado, Marx imprimiu sua marca ao documento de várias maneiras: na introdução escrita por ele, na seleção dos excertos, nas modificações introduzidas pela tradução e nos comentários com que temperou o documento. Mas a principal razão pela qual essa peça pode ser considerada expressão das ideias de Marx é que ele não introduz qualquer distinção entre seus próprios comentários e os excertos de Peuchet, de modo que o conjunto do documento aparece como um escrito homogêneo, assinado por Karl Marx.

A primeira questão que se pode apresentar é: por que Marx teria escolhido Jacques Peuchet? O que lhe interessaria tanto nesse capítulo de suas memórias?

Creio que não se pode partilhar da hipótese sugerida por Phillippe Bourrinet, editor de uma versão francesa do artigo, publicada em 1992 e retomada a seu modo por Kevin Anderson em sua introdução – em outros sentidos, excelente – à edição inglesa de 1999, segundo a qual a escolha de um autor francês seria uma crítica contra o "verdadeiro socialismo" alemão dos editores de *Gesellschaftsspiegel*, entre os quais estava Moses Hess[2]. Com efeito, não há no artigo uma única passagem que su-

---

[2] Phillipe Bourrinet, "Présentation" em Marx/Peuchet, *À propos du suicide* (Castelnau-le-Lez, Climats, 1992), p. 9-27.

gira tal orientação. Certamente Marx rende homenagem à superioridade dos pensadores sociais franceses, mas não os compara aos socialistas alemães e sim aos ingleses. Além disso, Engels – o outro editor de *Gesellschaftsspiegel* – e Marx mantiveram excelentes relações com Moses Hess durante esses anos (1845-1846), a ponto de convidá-lo a participar de sua obra polêmica comum contra o idealismo neo-hegeliano, *A ideologia alemã*.

Um primeiro argumento para explicar essa escolha é sugerido pelo próprio Marx na introdução aos excertos: o valor da crítica social francesa às condições de vida modernas, sobretudo às relações privadas de propriedade e às relações familiares – "em uma palavra, à vida privada". Para empregar uma expressão atual, desconhecida de Marx: uma crítica social inspirada na compreensão de que *o privado é político*. Para o jovem Marx, tal crítica não perderia de forma alguma o interesse pelo fato de exprimir-se sob forma literária ou semiliterária: por exemplo, sob a forma de memórias. Seu entusiasmo por Balzac é bem conhecido, tanto que confessa ter aprendido muito mais sobre a sociedade burguesa em seus romances do que em centenas de tratados econômicos. É claro que Peuchet não é Balzac, mas suas memórias apresentariam uma variante de qualidade literária: basta lembrar que um dos seus episódios inspirou *O conde de Monte Cristo*, de Alexandre Dumas.

O interesse de Marx pelo capítulo de Peuchet recaiu menos sobre a questão do suicídio como tal e mais sobre sua *crítica radical da sociedade burguesa* como forma de vida "antinatural" (fórmula proposta pelo próprio Marx em sua introdução)[3]. O suicídio é significativo,

---
[3] A hipótese levantada por Eric Plaut em sua introdução à edição inglesa sobre uma fascinação "inconsciente" de Marx pelo suicídio não me parece ter fundamento.

tanto para Marx como para Peuchet, sobretudo como sintoma de uma sociedade doente, que necessita de uma transformação radical. A sociedade moderna, escreve Marx citando Peuchet, que por sua vez cita Jean-Jacques Rousseau, é um deserto, habitado por bestas selvagens. Cada indivíduo está isolado dos demais, é um entre milhões, numa espécie de solidão em massa[4]. As pessoas agem entre si como estranhas, numa relação de hostilidade mútua: nessa sociedade de luta e competição impiedosas, de guerra de todos contra todos, somente resta ao indivíduo é ser vítima ou carrasco. Eis, portanto, o contexto social que explica o desespero e o suicídio.

A classificação das causas do suicídio é uma classificação dos males da sociedade burguesa moderna, que não podem ser suprimidos – aqui é Marx quem fala – sem uma transformação radical da estrutura social e econômica.

Essa forma de crítica ética e social da modernidade é de inspiração evidentemente romântica. A simpatia de Peuchet pelo romantismo está comprovada não somente por sua referência a Rousseau, mas também por sua feroz acusação ao filisteu burguês – cuja alma é o negócio, e seu comércio seu deus –, que tem apenas desprezo pelas pobres vítimas que se suicidam e pelos poemas românticos de desespero que elas deixam como herança.

É preciso ter em conta que o romantismo não é somente uma escola literária, mas – como o próprio Marx sugere frequentemente – um protesto cultural contra a civilização capitalista moderna, em nome de um passado idealizado. Ainda que estivesse longe de ser um romântico, Marx admirava os críticos românticos da

---

[4] Um interessante ensaio marxista sobre essa problemática, tal como aparece na literatura francesa, foi escrito por Robert Sayre, *Solitude in society: a sociological study in French literature* (Cambridge, Harvard University Press, 1978).

sociedade burguesa – escritores como Balzac e Dickens, pensadores políticos como Carlyle, economistas como Sismondi –, muitas vezes integrando intuições deles aos seus próprios escritos[5].

Assim como Peuchet, a maioria deles não era socialista. Mas, como observa Marx em sua introdução ao artigo, não é preciso ser socialista para criticar a ordem estabelecida. Tropismos românticos como esses apresentados nos excertos de Peuchet – o caráter desumano e bestial da sociedade burguesa, o egoísmo e a ambição do espírito burguês – são recorrentes nos escritos de juventude de Marx, mas, nesta peça, eles assumem um caráter insólito.

Ao mencionar os males econômicos do capitalismo, que explicam muitos dos suicídios – os baixos salários, o desemprego, a miséria –, Peuchet ressalta as manifestações de injustiça social que não são diretamente econômicas, mas dizem respeito à *vida privada* de indivíduos *não proletários*.

Tal ponto de vista seria somente de Peuchet, não partilhado por Marx? De modo algum! O próprio Marx, em sua introdução, refere-se sarcasticamente aos filantropos burgueses que pensam – como o célebre Dr. Pangloss de Voltaire – que vivemos no melhor dos mundos possíveis e propõem, como solução aos problemas sociais, distribuir um pouco de pão aos operários, "como se somente os operários sofressem com as atuais condições sociais".

Em outros termos, para Marx/Peuchet, a crítica da sociedade burguesa não se pode limitar à questão da exploração econômica – por mais importante que seja. Ela deve assumir um amplo caráter social e ético, incluindo todos os seus profundos e múltiplos aspectos opressivos.

---

[5] Sobre Marx e o romantismo, remeto ao meu livro, escrito com Robert Sayre, *Revolta e melancolia: o romantismo na contramão da modernidade* (Petrópolis, Vozes, 1995).

A natureza desumana da sociedade capitalista fere os indivíduos das mais diversas origens sociais.

Mas – aqui chegamos ao aspecto mais interessante do ensaio – quem são as vítimas não proletárias levadas ao desespero e ao suicídio pela sociedade burguesa? Há um setor social que toma um lugar central tanto nos excertos de Peuchet como nos comentários de Marx: *as mulheres*.

Com efeito, esse texto de Marx é uma das *mais poderosas peças de acusação à opressão contra as mulheres* já publicadas. Três dos quatro casos de suicídio mencionados nos excertos se referem a mulheres vítimas do patriarcado ou, nas palavras de Peuchet/Marx, da *tirania familiar*, uma forma de poder arbitrário que não foi derrubada pela Revolução Francesa[6]. Entre elas, duas são mulheres "burguesas", e a outra, de origem popular, filha de um alfaiate. Mas o destino delas fora selado mais pelo seu gênero do que por sua classe social.

No primeiro caso uma jovem é levada ao suicídio por seus pais, ilustrando a brutal autoridade do *pater* – e da *mater – familias*; Marx denuncia com veemência a covarde vingança dos indivíduos habitualmente forçados à submissão na sociedade burguesa, contra os ainda mais fracos que eles.

O segundo exemplo – o de uma jovem da Martinica, trancada entre as quatro paredes da casa por seu marido ciumento, até que o desespero a leva ao suicídio – é de longe o mais importante, tanto por sua extensão como pelos ácidos comentários do jovem Marx a respeito. Aos seus olhos, o caso parece paradigmático do poder patriarcal absoluto dos homens sobre suas esposas e

---

[6] Somente uma das quatro histórias de suicídio selecionadas por Marx concerne a um homem – um desempregado, ex-membro da Guarda Real.

de sua atitude de possuidores zelosos de uma propriedade privada. Nas observações indignadas de Marx, o marido tirânico é comparado a um senhor de escravos. Graças às condições sociais que ignoram o amor verdadeiro e livre, e à natureza patriarcal tanto do Código Civil como das leis de propriedade, o macho opressor pode tratar sua mulher como um avarento trata o cofre de ouro, a sete chaves: como uma coisa, "uma parte de seu inventário". A reificação capitalista e a dominação patriarcal são associadas por Marx nessa acusação radical contra as modernas relações da família burguesa, fundadas sobre o poder masculino.

O terceiro caso refere-se a um problema que se tornou uma das principais bandeiras do movimento feminista depois de 1968: o direito ao aborto. Trata-se de uma jovem que entra em conflito com as sacrossantas regras da família patriarcal e é levada ao suicídio pela hipocrisia social, pela ética reacionária e pelas leis burguesas que proíbem a interrupção voluntária da gravidez.

O tratamento dado a esses três casos, o ensaio de Marx/Peuchet – seja dos excertos selecionados, seja dos comentários do tradutor, inseparavelmente (pois não são separados por Marx) – constitui um protesto apaixonado contra o patriarcado, a sujeição das mulheres – incluídas as "burguesas" – e a natureza opressiva da família burguesa. Com raras exceções, não há nada comparável nos escritos posteriores de Marx.

Não obstante seus limites evidentes, este pequeno e quase esquecido artigo do jovem Marx é uma preciosa contribuição a uma compreensão mais rica das injustiças sociais da moderna sociedade burguesa, do sofrimento que suas estruturas familiares patriarcais infligem às mulheres e do amplo e universal objetivo emancipador do socialismo.

Michael Löwy

Capa do *Gesellschaftsspiegel* (ano II, número VII, Elberfeldt, janeiro de 1846), onde foi originalmente impresso o texto de Marx, "Peuchet: sobre o suicídio".

SOBRE O SUICÍDIO*

A crítica *francesa* da *sociedade* tem, em parte, pelo menos a grande vantagem de ter apontado as contradições e os contrassensos da vida moderna, não apenas nas relações entre classes específicas, mas também em todos os círculos e configurações da hodierna convivência e, sobretudo, por suas descrições dotadas de um calor vital imediato, de uma visão rica, de uma acuidade mundana e de uma ousada originalidade, que se procurariam em vão em outras nações. Comparem-se, por exemplo, as exposições críticas de Owen e de Fourier, quando estas se ocupam do intercâmbio vivo entre os homens, para se ter uma ideia dessa supremacia dos franceses. Não é o caso apenas dos escritores propriamente "socialistas" da França, de quem se espera uma exposição crítica das condições sociais; é o caso dos escritores de todas as esferas da literatura, sobretudo dos gêneros do romance e das memórias. Em alguns trechos sobre o *"suicídio"*, extraídos das "mémoires tirés des archives de la police etc. par Jacques *Peuchet*", darei um exemplo dessa crítica francesa, que ao mesmo tempo pode

---
* O título original do ensaio de Marx é *Peuchet: vom Selbstmord* [Peuchet: sobre o suicídio].

nos mostrar até que ponto a pretensão dos cidadãos filantropos está fundamentada na ideia de que se trata apenas de dar aos proletários um pouco de pão e de educação, como se somente os trabalhadores definhassem sob as atuais condições sociais, ao passo que, para o restante da sociedade, o mundo tal como existe fosse o melhor dos mundos.

Em Jacques Peuchet, como também em muitos dos velhos militantes franceses – hoje quase todos mortos – que passaram por várias revoluções desde 1789, por várias desilusões, momentos de entusiasmo, constituições, governantes, derrotas e vitórias, a crítica das relações de propriedade, das relações familiares e das demais relações privadas – em uma palavra, a crítica da *vida privada* – surge como o necessário resultado de suas experiências políticas.

Jacques Peuchet (nascido em 1760) passou das belas-letras para a medicina, da medicina para a jurisprudência, da jurisprudência para a administração e para a especialidade policial. Antes do irromper da Revolução Francesa, trabalhou com o abbé Morellet em um dictionnaire du commerce, do qual foi publicado apenas o prospecto, e dedicou-se preferencialmente à economia política e à administração. Apenas por um curto período Peuchet foi partidário da Revolução Francesa; muito rapidamente passou para o partido monarquista, ocupou por um bom tempo a direção da Gazette de France[1] e, mais tarde, recebeu das mãos de *Mallet-du-Pan* a redação do famigerado jornal monarquista Mercúrio[2]. Ainda assim, atravessou de forma muito astuta o período da Revolução, ora sendo perseguido, ora trabalhando nos departamentos de administração e de polícia. Com a Géographie commerçante, por ele publicada em 1800, 5 v., in-fólio, Peuchet chamou para si a atenção *de Bonaparte*, o primeiro-cônsul, que o nomeou membre du Conseil de commerce et des arts. Mais tarde, sob o ministério de François von Neufchâteau, assumiu um cargo administrativo mais alto. Em 1814, a Restauração fê-lo censor. Durante os Cem Dias[3], ele se aposentou. Com a restauração dos Bourbon, conquistou o posto de arquivista da Prefeitura de Polícia de Paris, que exerceu até 1827[4]. O nome *Peuchet* aparecia frequentemente – e, como escritor, não sem influência – nos discursos dos oradores da Constituinte, da Convenção, dos Tribunais, como também das Câmaras dos Deputados sob a Restauração[5]. Entre suas muitas obras, a maior parte sobre economia, está, além da já citada *Geografia do Comércio*, sua Estatística da França (1807)[6], a mais conhecida.

Peuchet escreveu já *idoso* suas memórias, cujo material ele havia reunido em parte dos arquivos da Polícia de Paris e de sua longa experiência prática na polícia e na administração, e só permitiu que elas viessem a público *após sua morte*, de modo que ninguém pudesse incluí-lo entre os *"precipitados"* socialistas e comunistas, que, como é sabido, carecem completamente da profundidade admirável e dos conhecimentos abarcantes da nata de nossos escritores, burocratas e cidadãos militantes.

Ouçamos nosso arquivista da Prefeitura de Polícia de Paris a respeito do *suicídio!*

O número anual dos suicídios, aquele que entre nós é tido como uma média normal e periódica, deve ser considerado um sintoma da organização deficiente* de nossa sociedade; pois, na época da paralisação e das crises da indústria, em temporadas de encarecimento dos meios de vida e de invernos rigorosos, esse sintoma é sempre mais evidente e assume um caráter epidêmico. A prostituição e o latrocínio aumentam, então, na mesma proporção. Embora a miséria seja a maior causa do suicídio, encontramo-lo em todas as classes, tanto entre os ricos ociosos como entre os artistas e os políticos. A diversidade das suas causas parece escapar à censura uniforme e insensível dos moralistas.

As doenças debilitantes, contra as quais a atual ciência é inócua e insuficiente, as falsas amizades, os amores traídos, os acessos de desânimo, os sofrimentos familiares, as rivalidades sufocantes, o desgosto de uma vida monótona, um entusiasmo frustrado e reprimido são muito seguramente razões de suicídio para pessoas de um meio social mais abastado, e até o próprio amor à vida, essa força enérgica que impulsiona a personalidade, é frequentemente capaz de levar uma pessoa a livrar-se de uma existência detestável.

Madame *de Staël*, cujo maior mérito está em ter estilizado lugares-comuns de forma brilhante, tentou demonstrar que o suicídio é uma ação antinatural e que não se deve considerá-lo um ato de coragem; sobretudo, ela sustentou a ideia de que é mais digno lutar contra o desespero do que a ele sucumbir. Argumentos como esses afetam muito pouco as almas a quem a infelicidade domina. Se

---
* Peuchet: "um vício constitutivo" (*un vice constitutif*).

Sobre o suicídio

são religiosas, as pessoas especulam sobre um mundo melhor; se, ao contrário, não creem em nada, então buscam a tranquilidade do Nada. As "saídas" filosóficas não têm, a seus olhos, nenhum valor e são um débil lenitivo contra o sofrimento. Antes de tudo, é um absurdo considerar antinatural um comportamento que se consuma com tanta frequência; o suicídio não é, de modo algum, antinatural, pois diariamente somos suas testemunhas. O que é contra a natureza não acontece. Ao contrário, está *na natureza de nossa sociedade* gerar muitos suicídios, ao passo que* os tártaros não se suicidam. *As sociedades não geram todas, portanto, os mesmos produtos*; é o que precisamos ter em mente para trabalharmos na reforma de nossa sociedade e permitir-lhe que se eleve a um patamar mais alto**. No que diz respeito à coragem, se se considera que ela existe naquele que desafia a morte à luz do dia no campo de batalha, estando sob o domínio de todas as emoções, nada prova que ela necessariamente falte quando se tira a própria vida e em meio às trevas. Não é com insultos aos mortos que se enfrenta uma questão tão controversa.***

---

* os berberes e
** do destino do gênero humano
*** Para saber se o motivo que determina o indivíduo a se matar é leviano ou não, não se pode pretender medir a sensibilidade dos homens usando-se uma única e mesma medida; não se pode concluir pela igualdade das sensações, tampouco pela igualdade dos caracteres e dos temperamentos; o mesmo acontecimento provoca um sentimento imperceptível em alguns e uma dor violenta em outros. A felicidade e a infelicidade têm tantas maneiras de ser e de se manifestar quantas são as diferenças entre os indivíduos e os espíritos. Um poeta disse:
    O que faz tua felicidade é minha aflição;
    O prêmio de tua virtude é minha punição.

Karl Marx

Tudo o que se disse contra o suicídio gira em torno do mesmo círculo de ideias. A ele são contrapostos os desígnios da Providência, **mas a própria existência do suicídio é um notório** protesto **contra esses desígnios ininteligíveis***. Falam-nos de nossos deveres para com a sociedade, sem que, no entanto, nossos direitos em relação a essa sociedade sejam esclarecidos e efetivados, e termina-se por exaltar a façanha mil vezes maior de dominar a dor ao invés de sucumbir a ela, uma façanha tão lúgubre quanto a perspectiva que ela inaugura. Em poucas palavras, faz-se do suicídio um ato de covardia, um crime contra as leis, **a** sociedade e a honra.

Como se explica que, apesar de tantos anátemas, o homem se mate? É que o sangue não corre do mesmo modo nas veias de gente desesperada e nas veias dos seres frios, que se dão o lazer de proferir todo esse palavrório estéril.** *O Homem parece um mistério para o Homem; sabe-se apenas censurá-lo, mas não se o conhece.* Quando se veem a forma leviana com que as instituições, sob cujo domínio a Europa vive, dispõem do sangue e da vida dos povos, a forma como distribuem a justiça civilizada com um rico material de prisões, de castigos e de instrumen-

---

* Peuchet escreve: "Opõem-se ao suicídio os desígnios da Providência, sem que esses desígnios nos sejam expostos de forma bem clara, uma vez que aqueles que se matam deles duvidam. Isso pode se dar por culpa de quem não torna inteligíveis e satisfatórios os termos daqueles desígnios. O diamante do Evangelho permaneceu encoberto pela argila".

** Talvez não se tenham ainda estudado todas as causas do suicídio; não foram suficientemente examinadas as subversões da alma nesses momentos terríveis e quais germes venenosos, causadores de dores tão profundas, podem ter se desenvolvido insensivelmente no caráter.

tos de suplício para a sanção de seus desígnios incertos; quando se vê a quantidade incrível de classes que, por todos os lados, são abandonadas na miséria, e os párias sociais, que são golpeados com um desprezo brutal e preventivo, talvez para dispensar-se do incômodo de ter que arrancá-los de sua sujeira; quando se vê tudo isso, então não se entende com que direito se poderia exigir do indivíduo que ele preserve em si mesmo uma existência que é espezinhada por nossos hábitos mais corriqueiros, nossos preconceitos, nossas leis e nossos costumes em geral.

*Acreditou-se que se poderiam conter os suicídios por meio de penalidades injuriosas e por uma forma de infâmia, pela qual a memória do culpado ficaria estigmatizada. O que dizer da indignidade de um estigma lançado a pessoas que não estão mais aqui para advogar suas causas? De resto, os infelizes se preocupam pouco com isso e, se o suicídio culpa alguém**, é antes de tudo as pessoas que ficam, já que, de toda essa grande massa de pessoas, nem sequer um indivíduo foi merecedor de que se permanecesse vivo por ele. As medidas infantis e atrozes que foram inventadas conseguiram combater vitoriosamente as tentações do desespero? Que importam à criatura

---
* Qualquer que seja a motivação principal e determinante do suicida, é certo que sua ação age com uma força absoluta sobre sua vontade. Por que, então, devemos nos espantar se, até o presente, tudo o que foi dito ou feito para vencer esse ímpeto cego acabou sem resultado e se os legisladores e os moralistas fracassaram igualmente em suas tentativas? Para chegar a compreender o coração humano, faz-se necessário, inicialmente, ter a misericórdia e a piedade do Cristo.
** perante Deus

que deseja escapar do mundo as injúrias que o mundo promete a seu cadáver? Ela vê nisso apenas uma covardia a mais da parte dos vivos. *Que tipo de sociedade é esta, em que se encontra a mais profunda solidão no seio de tantos milhões; em que se pode ser tomado por um desejo implacável de matar a si mesmo, sem que ninguém possa prevê-lo? Tal sociedade não é uma sociedade; ela é, como diz Rousseau*, uma selva, habitada por feras selvagens.* Nos cargos que ocupei na administração da polícia, os casos de suicídio** entravam no âmbito de minhas atribuições; eu queria saber se entre suas causas determinantes não poderiam ser encontradas algumas cujo desfecho se poderia*** prevenir. Havia realizado um trabalho muito abrangente sobre esse assunto. **Descobri que, sem uma reforma total da ordem social de nosso tempo, todas as tentativas de mudança seriam inúteis****.**

Entre as causas do desespero que levam as pessoas muito nervosas-irritáveis a buscar a morte, seres passionais e melancólicos, descobri os maus-tratos como o fator dominante, as injustiças, os castigos secretos, que pais e superiores impiedosos***** infligem às pessoas que se encontram sob sua dependência. *A Revolução não derrubou todas as tiranias; os males que se reprovavam*

---

* Peuchet: "Jean-Jacques".
** Peuchet: "séries de suicídio".
*** moderar ou
**** Peuchet escreve, em vez disso: "Sem me basear em teorias, tentarei apresentar fatos".
***** Peuchet: "pais inflexíveis e receosos, superiores irritadiços e ameaçadores".

Sobre o suicídio

nos poderes despóticos subsistem nas famílias; nelas eles provocam crises análogas àquelas das revoluções.*

As relações entre os interesses e os ânimos, as verdadeiras relações entre os indivíduos ainda estão para ser criadas entre nós inteiramente, e o *suicídio não é mais do que um entre os mil e um sintomas da luta social geral*, sempre percebida em fatos recentes, da qual tantos combatentes se retiram porque estão cansados de serem contados entre as vítimas ou** porque se insurgem contra a ideia de assumir um lugar honroso entre os carrascos. Se se querem alguns exemplos, vou tirá-los de processos autênticos.

No mês de julho de 1816, a filha de um alfaiate foi prometida em casamento a um açougueiro, jovem de bons costumes, parcimonioso e trabalhador, muito enamorado de sua bela noiva, que, por sua vez, era-lhe muito dedicada. A jovem era

---

* Será que, como se supõe, o temor de ver seus amigos, seus pais ou seus familiares jogados à infâmia e seus corpos arrastados na lama, seria capaz de reconduzir esses homens impiedosos à prudência, à moderação, à justiça para com seus inferiores e os levaria a prevenir, assim, as mortes voluntárias que são cometidas na intenção de escapar de sua dominação? Eu não creio nisso, pois significaria, por um duplo sacrilégio, macular dois cultos de uma só vez, o culto aos vivos e o culto aos mortos. Não parece, até aqui, que esse meio tenha atingido o fim; a ele renunciou-se sabiamente. Para se obter um bom resultado sobre o espírito dos superiores, e principalmente sobre os pais, em relação a seus subordinados, pensou-se que o temor de se ver atingido pela difamação e pelo escândalo público ainda seria uma medida eficaz. Essa medida não seria suficiente e a culpa plena de amargura que é lançada sobre o infeliz que se privou da vida ainda diminui nos culpados, mesmo que não chegue a extinguir neles esse sentimento, a vergonha de todos esses escândalos e a consciência de não serem os verdadeiros culpados. O clero parece-me mais irreligioso do que a própria sociedade quando estende a mão a preconceitos tão covardes e recusa aos suicidas uma sepultura religiosa.
** Peuchet: "e".

costureira; conquistava a atenção de todos os que a conheciam e os pais de seu noivo amavam-na carinhosamente. Essa brava gente não perdia nenhuma oportunidade para usufruir com antecipação dos bens da sua nora; promoviam divertimentos nos quais ela era a rainha e o ídolo*.

Chegou a época do casamento; os arranjos entre as duas famílias foram providenciados e os contratos fechados. Na noite anterior ao dia em que deveriam comparecer à municipalidade, a jovem e seus pais comprometeram-se a jantar com a família do noivo; quando estavam a caminho, ocorreu um incidente inesperado. Encomendas que deveriam ser entregues a uma rica casa de sua clientela forçaram o alfaiate e sua esposa a retornar a casa. Eles se desculparam, mas a mãe do açougueiro foi ela própria buscar sua nora, que recebeu permissão para acompanhá-la.

Apesar da ausência de dois dos principais convidados, a refeição foi das mais agradáveis. Muitas brincadeiras familiares, que a perspectiva das núpcias autorizava, foram realizadas da melhor maneira possível.** Bebeu-se, cantou-se. Divagou-se sobre o futuro. As alegrias de um bom matrimônio foram vivamente comentadas. Muito tarde da noite, encontravam-se ainda à mesa. Movidos por uma indulgência facilmente compreensível, os pais do rapaz*** fecharam os olhos para o acordo tácito entre os dois amantes. As mãos procuravam umas às

---

* A estima geral acrescentava-se à estima que os noivos tinham um pelo outro.
** A sogra já se imaginava avó de um bebezinho.
*** entusiasmados com suas crianças e desfrutando de sua dupla ternura

outras,* o amor e a confiança tomavam-nos inteiramente. Além disso, considerava-se que o casamento estava consumado e aqueles pobres jovens já se frequentavam havia muito tempo sem que se lhes fizesse a mais leve censura.** A comoção dos pais dos amantes, as horas passadas, os ardentes desejos recíprocos, desencadeados pela negligência dos seus mentores, a alegria sem cerimônia que sempre reina nessas ocasiões, tudo isso junto, e a ocasião, que se brindava prazerosamente, o vinho, que borbulhava nas cabeças, tudo ensejava um final que se podia imaginar. Os enamorados se reencontraram no escuro, depois que as luzes se apagaram. Era como se não houvesse nada a ponderar, nada a recear. Sua felicidade estava cercada de amigos e livre de toda inveja.***

A jovem filha retornou somente na **manhã** seguinte para a casa dos pais. Uma prova de que ela não se acreditava culpada está no fato de ter voltado para casa sozinha.**** **Ela** esgueirou-se para seu quarto e fez sua toalete, mas, mal seus pais adivinharam **sua presença**, irromperam furiosamente e cobriram-na com os mais vergonhosos **nomes** e impropérios. A vizinhança testemunhou

---

* o fogo os consumia,
** Nunca os prazeres de um bom casamento foram tão vivamente analisados.
*** O conteúdo tomou por um instante o lugar da forma, o que só tornava aquele prazer às escondidas ainda mais doce.
**** Seu erro era grande, sem dúvida, pelo simples fato da preocupação que o prolongamento de sua ausência gerara em seus pais; mas se alguma vez a bondade, a indulgência, a prudência, a moderação tivessem que ser exigidas dos pais em relação a um filho, isso deveria se dar em uma circunstância como esta, na medida em que tudo ajudava a legitimar aquela escapada amorosa. Os mais culpados foram os mais felizes.

Karl Marx

a cena, o escândalo não teve **limites**, a julgar pela comoção daquela criança, por sua vergonha e pelo encanto que era quebrado a golpes de xingamentos. Em vão a consternada moça protestava a seus pais que eles mesmos a haviam abandonado à difamação, que **ela** assumia seu agravo, sua tolice, sua desobediência, mas que tudo seria reparado. Suas razões e sua dor não conseguiram desarmar o casal de costureiros. **As pessoas mais covardes,** as mais incapazes de se contrapor, **tornam-se** intolerantes **assim que podem lançar mão de sua autoridade absoluta de pessoas mais velhas.** O *mau uso dessa autoridade* é igualmente uma *compensação grosseira* para o servilismo **e a** subordinação **aos quais essas pessoas estão submetidas, de bom ou de mau grado,** na sociedade burguesa. Padrinhos e madrinhas acorreram ao barulho e formaram um coro. O sentimento de vergonha provocado por essa **cena** abjeta levou a menina à decisão de dar um fim à própria vida; desceu com passos rápidos em meio à multidão dos padrinhos que vociferavam e a insultavam e, com olhar desvairado, correu para o Sena e jogou-se na água; os barqueiros resgataram-na morta do rio, enfeitada com suas joias nupciais. Como é evidente, aqueles que no começo gritaram contra a filha viraram-se em seguida contra os pais; essa catástrofe chocou até mesmo as almas **mais mesquinhas**. Dias depois vieram os pais à polícia para reclamar uma corrente de ouro que a moça portava no pescoço e tinha sido um presente do seu futuro sogro, um relógio de prata e várias outras joias, todos objetos que ficaram depositados na repartição. Não perdi a oportunidade de recriminar energicamente aquelas pessoas por sua imprudên-

Sobre o suicídio

cia e seu barbarismo. Dizer àqueles dementes que deveriam prestar contas perante Deus teria provocado neles muito pouca impressão, tendo em vista seus preconceitos mesquinhos e o tipo* peculiar de religiosidade que predomina nas classes mercantis mais baixas.

A cupidez os movia, mais do que o desejo de possuir duas ou três relíquias; acreditei que poderia castigá-los. Eles reclamavam as joias da sua jovem filha; eu lhas recusava e retinha o certificado de que eles precisavam para retirar esses objetos da Caixa, onde, como era de rotina, haviam sido depositados. Enquanto ocupei esse posto, suas reclamações foram inúteis e eu sentia prazer em desprezar suas injúrias.**

Naquele mesmo ano apareceu em meu escritório um jovem crioulo, de aspecto admirável, de uma das mais ricas famílias da Martinica.*** Ele se opunha da maneira mais formal à devolução do cadáver de uma jovem, sua cunhada, ao reclamante, seu único irmão e esposo da falecida. Ela havia se afogado. Esse tipo de suicídio é o mais frequente. O corpo fora encontrado não longe da praia de *Argenteuil* pelos funcionários encarregados de recolher o cadáver. Em razão daquele instinto de pudor que domina as mulheres mesmo no mais cego desespero, a moça afogada havia cuidadosamente

---

* Neste ponto, Marx altera radicalmente o sentido: onde aparece "tipo", Peuchet escreve "falta" de religiosidade.
** Somente depois de minha saída conseguiram reaver aqueles objetos.
*** e, desde que ficamos a sós, fez-me a revelação de uma dessas feridas que se transformam em incuráveis úlceras no seio da vida privada.

amarrado a bainha de seu vestido ao redor de seus pés. Essa precaução pudica tornava evidente o suicídio. Logo depois de recolhida, levaram-na ao necrotério. Sua beleza, sua juventude, seu rico traje deram ocasião a milhares de suposições a respeito da causa daquela catástrofe. O desespero de seu marido, o primeiro que a reconheceu, não tinha limites; ele não compreendia aquele infortúnio, ao menos é o que me era dito; eu mesmo jamais o havia visto. Expliquei ao crioulo que a reclamação do marido tinha preferência sobre qualquer outra, que este tinha até encomendado a construção de uma magnífica sepultura de mármore para sua infeliz esposa. "Depois que ele a matou, o desgraçado!", gritou o crioulo, enquanto caminhava enraivecido de um lado para o outro.

Depois da aflição, do desespero daquele jovem, depois de suas súplicas fervorosas de que seus desejos fossem atendidos, depois de suas lágrimas, eu acreditava poder concluir que ele a amava, e disse-lhe isso. Ele admitiu o seu amor, mas sob os mais vivos protestos de que sua cunhada nunca soubera nada a respeito. Ele jurou. Apenas para salvar a reputação de sua cunhada, cujo suicídio daria margem às habituais intrigas da opinião pública, ele pretendia expor à luz as barbaridades de seu irmão, nem que para isso precisasse lançar-se no banco dos réus. Pediu-me ajuda. O que pude deduzir de seus esclarecimentos entrecortados, apaixonados, foi o seguinte: o sr. Von M..., seu irmão, rico e amante das artes, amigo do luxo e da alta-roda, casara-se com essa jovem havia aproximadamente um ano; segundo parecia, de comum acordo; formavam o par mais bonito que se podia ver. Depois do casamento, irrompeu de forma súbita e galopante na constituição do jovem marido um problema de sangue, talvez um mal de família. Esse homem, antes tão orgulhoso de sua bela aparência, de seu elegante porte, de uma perfeição, de uma plenitude de formas sem igual*, sentiu repentinamente um mal desconhecido, contra cuja ação devastadora a ciência era impotente; ele estava transfigurado da cabeça aos pés de um modo horripilante. Havia perdido todos os cabelos, suas costas estavam arqueadas. Dia a dia modificavam-no acentuadamente a magreza e as rugas; para os outros, pelo menos, pois seu amor-próprio tentava negar a aparência. Mas nada disso o fazia dependente do leito; uma força férrea parecia triunfar sobre os ataques daquele mal. Ele sobrevivia fortemente a seus próprios escombros. O corpo caía em ruínas e a alma permanecia em pé. Ele continuou a dar festas, a liderar caçadas e a manter seu modo de vida rico e luxuoso, que parecia ser a lei de seu caráter e de sua natureza. Contudo, as injúrias, as objeções, as palavras sarcásticas dos estudantes e dos rapazes arruaceiros quando ele passeava a cavalo, sorrisos mal-educados e zombadores, admoestações sérias dos amigos a respeito dos numerosos ridículos a que ele se expunha pela obstinação de suas maneiras galantes junto às damas, tudo isso acabou por desfazer sua ilusão e o tornou apreensivo consigo mesmo. Quando enfrentou sua fealdade e sua figura grotesca, tão logo tomou consciência disso, seu caráter amargou-se e ele ficou desalentado. Parecia

---

* que não lhe permitiam temer em torno dele nenhum rival

Karl Marx

menos dedicado a levar sua mulher às soirées, aos bailes, aos concertos; fugia furtivamente para sua casa de campo; desfazia-se de todos os convites, desviava-se das pessoas com mil pretextos, e as gentilezas de seus amigos para com sua esposa, toleradas por ele enquanto o orgulho lhe dava a certeza de sua superioridade, tornaram-no ciumento, irascível, violento. Em todos aqueles que ousavam visitá-lo, via a decisão firme de conquistar o coração de sua mulher, que restava para ele como seu último orgulho e conforto. Por esse tempo, o crioulo chegou da Martinica, a negócios, cujo sucesso a recondução dos Bourbon ao trono francês parecia favorecer. Sua cunhada recebeu-o distintamente e, no naufrágio das numerosas relações que ela estabelecera, o recém-chegado aproveitou-se da vantagem que seu título de irmão naturalmente lhe dava junto ao sr. Von M... Nosso crioulo percebeu a solidão que se deixava entrever em meio às tarefas domésticas, tanto pelas desavenças diretas que seu irmão tinha com muitos amigos como pelos mil artifícios indiretos usados para despachar e desanimar os visitantes. Sem se dar conta das motivações amorosas que o tornavam ciumento, o crioulo aprovava essas ideias de isolamento e até as estimulava em seus conselhos. Com isso, o sr. Von M... acabou retirando-se totalmente para uma linda casa em Passy, que em pouco tempo se tornou um deserto. O ciúme se nutre das coisas mais insignificantes; quando não sabe mais em que se agarrar, consome a si mesmo e torna-se engenhoso; tudo lhe serve como alimento. Talvez a jovem senhora lamentasse a falta dos prazeres de sua idade. Os muros impediam a vista das casas

Sobre o suicídio

vizinhas; as persianas ficavam fechadas da manhã à noite. A infeliz mulher fora condenada à mais insuportável escravidão, e o sr. Von M... podia praticá-la apenas por estar amparado pelo Código Civil e pelo direito de propriedade, protegido por uma situação social que torna o amor independente dos livres sentimentos dos amantes e autoriza o marido ciumento a andar por aí com sua mulher acorrentada como o avarento com seu cofre, pois ela representa apenas uma parte de seu inventário. À noite, o sr. Von M... andava armado ao redor da casa e fazia sua ronda com os cães. Ele acreditava descobrir vestígios na areia e perdia-se em estranhas pressuposições caso uma escada tivesse sido mudada de lugar pelo jardineiro. O próprio jardineiro, um beberrão quase sexagenário, foi colocado como guarda no portão. O espírito de exclusão não tem freios em suas extravagâncias; ele avança até a imbecilidade. O irmão, inocente cúmplice de tudo isso, compreendeu finalmente que contribuía para a infelicidade daquela jovem – dia a dia vigiada, insultada, privada de tudo aquilo que pudesse distrair uma imaginação rica e feliz, o que a tornou tão melancólica e triste quanto havia sido livre e serena. Ela chorava e escondia suas lágrimas, mas os sinais eram visíveis. O crioulo sentiu remorso. Decidido a esclarecer tudo abertamente com sua cunhada e a reparar um erro que ele cometera decerto movido por um furtivo sentimento de amor, entrou certa manhã sorrateiramente num pequeno bosque aonde a cativa ia de tempos em tempos tomar ar e cuidar de suas flores. No gozo dessa tão limitada liberdade, supõe-se que ela se sabia sob os olhos de seu ciumento marido; pois, ao olhar do cunhado, que pela primeira vez se encontrou sozinho diante dela, e sem o querer, a jovem demonstrou uma grande perturbação, contorcendo as mãos. "Afaste-se, em nome dos céus", gritou-lhe assustada. "Afaste-se!"

E, de fato, mal teve ele tempo de esconder-se numa estufa, o sr. Von M... apareceu subitamente. O crioulo ouviu gritos, procurou escutar secretamente, mas o martelar de seu coração o impedia de distinguir até mesmo a mais simples palavra daquela conversação, pois sabia que sua fuga, caso fosse descoberta pelo esposo, poderia provocar uma consequência deplorável.

O incidente despertou o cunhado; ele viu a necessidade, daquele dia em diante, de ser o protetor de uma vítima. Decidiu-se a sacrificar qualquer reserva que ainda guardava ao seu amor*. O amor pode renunciar a tudo, menos ao seu direito de proteção, pois tal renúncia seria a obra de um covarde. Ele continuou a visitar seu irmão, disposto a falar-lhe francamente, a abrir-se com ele e contar-lhe tudo. O sr. Von M... ainda não tinha nenhuma suspeita dessa ordem, mas a persistência de seu irmão fê-lo ficar atento. Sem decifrar muito claramente as causas daquele interesse, o sr. Von M... desconfiava delas e calculava, com antecedência, aonde aquilo poderia chegar. O crioulo logo percebeu que seu irmão nem sempre se ausentava de sua casa, o que pôde confirmar em seguida, tantas foram as vezes que a campainha da casa de Passy foi tocada inutilmente. Um oficial de serralharia fez-lhe uma chave de acordo com o molde

---

* na resolução de se devotar à sua cunhada

Sobre o suicídio

daquela que seu mestre já havia forjado para o sr. Von M...* Após um afastamento de dez dias,** o crioulo, exasperado de medo e atormentado pelas fantasias mais absurdas, penetrou de noite por sobre os muros, quebrou um portão diante da entrada principal, alcançou o telhado por meio de uma escada e deixou-se deslizar pela calha até a janela de um depósito***. Gritos enérgicos permitiram-no arrastar-se, sem ser percebido, até uma porta de vidro. O que ele viu despedaçou seu coração. A claridade de um candeeiro iluminava o quarto. Entre as cortinas, a cabeleira despenteada e o semblante purpúreo de raiva, estava o sr. Von M..., seminu, ajoelhado ao lado de sua mulher, sobre a mesma cama que ela não ousava abandonar, embora tentasse escapar pouco a pouco dos seus braços, enquanto ele a dominava com reprimendas mordazes, semelhante a um tigre pronto a fazê-la em pedaços. "Sim", dizia ele, "eu sou horrendo, sou um monstro e sei muito bem que te causo medo. Gostarias que alguém te libertasse de mim, que a minha visão não mais te incomodasse. Anseias pelo momento em que te tornarás livre. E não me digas o contrário; eu adivinho teus pensamentos no teu pavor, na tua repugnância****. Ruborizas com a gargalhada indigna que suscito, estás internamente revoltada contra mim! Contas um a um, sem dúvida, os minutos que faltam para que eu não mais te assedie com minhas fraquezas e meu

---
* O crioulo não temia os cães de guarda: eles já o conheciam.
** ousadia bastante hábil do esposo
*** que lhe permitiu chegar próximo do quarto de dormir de seu cunhado (sic)
**** e nas tuas lágrimas

estado atual. Para! Acometem-me desejos terríveis, a fúria de te desfigurar, de tornar-te semelhante a mim, para que tu não possas ter a esperança de te consolares com teus amantes da desgraça de me ter conhecido. Quebrarei todos os espelhos desta casa para que não me lancem qualquer comparação, para que cessem de servir como alimento ao teu orgulho. Não deveria eu conduzir-te ou deixar-te ir pelo mundo para ver como todos te encorajam a me odiar? Não! Não! Só deixarás esta casa depois de me matar. Mata-me, adianta-me o que eu estou tentado a fazer todos os dias!*" E o selvagem rolava sobre a cama em altos gritos, às mordidas, espumando pela boca, com mil sintomas de raiva, com golpes que ele, enfurecido, aplicava a si mesmo, ao lado daquela mulher infeliz, que lhe dirigia as mais ternas carícias e as súplicas mais patéticas. Finalmente ela o amansou. A compaixão sem dúvida substituiu o amor, mas isso não bastou para aquele homem, que se tornara tão amedrontador e cujas paixões ainda haviam guardado tanta energia. Uma longa depressão foi a sequência dessa cena, que petrificou o crioulo. Ele sentia calafrios e não sabia a quem recorrer para ver-se livre da infelicidade daquele suplício.

A cena, evidentemente, devia repetir-se todos os dias, pois, nas convulsões que se seguiam, a sra. Von M... recorria a ampolas preparadas por ela mesma com a finalidade de dar a seu carrasco um pouco de sossego. Nesse momento, em Paris, o crioulo representava sozinho a família do sr. Von M... É sobretudo nesses casos que se poderiam maldizer

---

* Mata-me!

as formalidades jurídicas e a negligência das leis, que nada podem tirar das suas praxes calculadas, mormente porque se tratava tão somente de uma mulher, aquele ser que o legislador cerca com as menores garantias. Somente uma ordem de prisão, uma medida arbitrária, poderia prevenir a desgraça que a testemunha daquela cena raivosa já podia bem prever. Ele decidiu arriscar-se pelo tudo ou nada, assumindo todas as consequências, já que suas posses o habilitavam a fazer enormes ofertas e a não temer a responsabilidade de nenhuma grande ousadia. Alguns médicos, amigos seus e decididos como ele, planejavam uma invasão na casa do sr. Von M... para constatar aquele momento de loucura e, por meio do uso imediato da força, separar os esposos, mas eis que a ocorrência do suicídio veio justificar suas precauções demasiadamente tardias e suspendeu a dificuldade.

Certamente, para todos aqueles que não reduzem o espírito pleno das palavras às letras que as formam, esse suicídio foi um *assassinato*, praticado pelo esposo; mas foi também o resultado de uma extraordinária vertigem de ciúme. O ciumento necessita de um escravo; o ciumento pode amar, mas o amor é para ele apenas um sentimento extravagante; *o ciumento é antes de tudo um proprietário privado.**
Impedi que o crioulo** fizesse um inútil e perigoso

---

* As duas últimas frases reproduzem quase completamente outra passagem de Peuchet e foram inseridas por Marx no lugar do seguinte trecho: "E o marido infeliz, que sobreviveu tão pouco tempo à sua mulher, escapava à acusação de seu irmão tanto com a ajuda dos termos expressos de nossa legislação como pelo exagero do sentimento que o fazia sentir-se culpado. Pode-se imaginar que esse caso não teve outras consequências".
** mesmo que eu não tenha conseguido devolver-lhe a paz

escândalo, perigoso sobretudo para a memória da sua amada, pois o público desocupado teria acusado a vítima de uma ligação adúltera com o irmão de seu marido.* Presenciei o enterro**. Ninguém, além do irmão e de mim, soube da verdade***. Ao meu redor eu ouvia pessoas murmurarem injúrias sobre aquele suicídio, e as desprezava. Fica-se enraivecido diante da opinião pública quando se a observa de perto, com suas lamúrias covardes e suas porcas suposições. A opinião é muito fragmentada em razão do isolamento **dos homens**; é estúpida demais, **depravada** demais, **porque cada um é estranho de si e todos são estranhos entre si**.****

De resto, foram poucas as semanas em que não me foram trazidos casos daquele mesmo tipo. No mesmo ano, pude registrar relações amorosas que, por causa da recusa dos pais em lhes dar o consentimento, terminaram com um duplo tiro de pistola.

Do mesmo modo, eu anotava os suicídios de homens do mundo, reduzidos à impotência na flor da idade e jogados numa melancolia insuperável graças ao abuso do prazer.

Muitos terminam seus dias dominados pelo pensamento de que a medicina, após lhes haver infligido longos e inúteis tormentos com progressos frustrantes, é incapaz de livrá-los de seus males.

---

* O cadáver foi concedido ao sr. Von M..., cuja dor ocupou a atenção de toda a capital, por uma cena pungente no cemitério Montmartre, quando o padre jogou as últimas cinzas sobre o caixão.
** e as palavras de reprovação morreram em meus lábios
*** e o próprio culpado, que amava demais a sua vítima para poder ler em seu próprio coração, parecia ignorá-lo como todo mundo.
**** A última frase foi tirada de outra passagem de Peuchet. Marx substitui "costumes" (*moeurs*) por "homens" (*Menschen*).

Sobre o suicídio

Poder-se-ia apresentar uma singular coleção de citações de autores famosos e de poesias escritas por desesperados que preparam suas mortes com um certo fausto. Durante o momento de admirável sangue-frio que sucede à resolução de morrer, uma espécie de entusiasmo contagiante exala daquelas almas e transborda por sobre o papel, o que ocorre mesmo naquelas classes desprovidas de qualquer educação. Enquanto se recolhem diante do sacrifício e examinam suas profundezas, toda a sua força é concentrada para, em seguida, expandir-se numa expressão calorosa e característica.

Algumas dessas histórias, que estão sepultadas nos arquivos, são obras-primas. Um filisteu burguês, que deposita sua alma em seu negócio e seu deus no comércio, pode achar tudo isso muito romanesco e, com seu sorriso sarcástico, rejeitar aflições que ele não entende: seu menosprezo não é de estranhar. **Que outra coisa devemos esperar de três por cento de pessoas, que nem sequer suspeitam de que elas** próprias, **diariamente e a cada hora, pouco a pouco, assassinam sua natureza humana!** Mas o que dizer então da boa gente, que faz o papel de devotos, **de bem-educados,** e que repete as indecências dos primeiros? Sem dúvida, é de suma importância que esses pobres-diabos suportem a vida, ainda que seja apenas no interesse das classes privilegiadas deste mundo, interesse que seria arruinado pelo suicídio geral da canalha; mas haveria outro meio de tornar suportável a existência dessas classes, que não a injúria, o sorriso irônico e as belas palavras?

Além disso, é necessário haver alguma magnanimidade naqueles mendicantes, que, decididos a morrer como estão,* matam-se de uma vez e não esperam para lançar mão do suicídio quando já se encontram a caminho do cadafalso.

É verdade que, quanto mais nossa época de comércio progride**, mais raros se tornam esses nobres suicídios da miséria, que cedem lugar à hostilidade consciente, ao passo que ao miserável são brutalmente impostas as oportunidades do roubo e do assassinato. É mais fácil arranjar a pena capital do que algum trabalho.

Ao remexer nos arquivos da Polícia, observei apenas um único sintoma inequívoco de covardia na lista dos suicídios. Tratava-se de um jovem americano, Wilfrid Ramsay, que se matou para não ter de bater-se em duelo.*** A classificação das diferentes causas do suicídio deveria ser a classificação dos *próprios defeitos de nossa sociedade.* ****Suicidou-se porque teve uma invenção roubada por intrigantes, em cuja oportunidade o inventor, lançado à mais degradante miséria em consequência das longas e eruditas pesquisas a que teve de se dedicar, não pôde sequer comprar uma patente de invenção. Suicidou-se para evitar os enormes gastos e a consequência humilhante de dificuldades financeiras, que, aliás, são tão frequentes que os homens res-

---

* matam-se sem procurar outros recursos,
** Peuchet: "nas épocas de incredulidade".
*** Ele tomara uma bofetada de um oficial da guarda em um baile público. Sua justificativa foi dada por um quacre em um folhetim da época que eu guardara e que não encontro mais. Mas seu defensor também o acusava, reprovando-o por não ter suportado nobremente o peso daquela afronta.
**** O objetivo não é o de me dedicar a essa análise difícil, que o legislador deve, entretanto, abordar se quiser extirpar soberanamente de nosso solo os germes de dissolução em que nossa geração cresce e perece como que corroída por uma erva-daninha.

ponsáveis pela condução dos interesses gerais não se preocupam nem um pouco com elas. Suicidou-se porque não conseguiu nenhum trabalho, pelo qual havia suplicado durante muito tempo sob as ofensas e a avareza daqueles que, em nosso meio, são os seus distribuidores arbitrários.*[7]

Certo dia, um médico me consultou sobre uma morte**, de cujo motivo ele confessava ser o culpado***.

Uma noite, de retorno a Belleville, onde morava, ele foi parado por uma mulher disfarçada, numa pequena rua escura, no fundo da qual estava a porta de sua casa. Com voz trêmula, suplicou-lhe que a ouvisse. A certa distância, caminhava de um lado para o outro uma pessoa, cujos traços ele não pôde distinguir. Ela era vigiada por um homem****. "Meu senhor", ela lhe dizia, "estou grávida e, se isso for descoberto, estou desonrada. Minha família, a opinião de todos, as pessoas de bem não me perdoarão. A mulher, cuja confiança traí, enlouqueceria e romperia infalivelmente com seu marido. Não defendo minha causa. Encontro-me

---

* A legislação, providência social e secundária, guarda para com Deus, seu primeiro legislador e também o nosso, uma dívida de sangue em relação a tudo o que resulta nas misérias do corpo, nos sofrimentos da alma, nos impulsos do espírito. Não é lançando insultos sobre os túmulos que os homens cumprem suas obrigações para com os vivos. (Marx omite, a partir deste ponto, dois longos relatos de Peuchet, trecho que resumimos na nota nº 7.)

** cujas causas eu o aconselhei (e assim ele procedeu) a manter em segredo, embora ele julgasse necessário submeter ao exame dos homens comuns a controvérsia que uma morte desse tipo frequentemente provoca

*** e deixo às consciências delicadas a tarefa de determinar se esse homem era realmente culpado. Seus escrúpulos me ocuparam muito e esgotaram minhas forças

**** Peuchet: "um cavalheiro protegia os passos daquela dama".

Karl Marx

em meio a um escândalo cuja eclosão somente minha morte poderia evitar. Queria matar-me, mas querem que eu viva. Disseram-me que sois piedoso e isso me deu a certeza de que não seríeis cúmplice do assassinato de uma criança, conquanto essa criança não esteja ainda no mundo. Vedes que me refiro ao aborto desse fruto. Não me rebaixarei até a súplica, até a dissimulação daquilo que me parece o mais abominável dos crimes. Foi somente por ceder a pedidos de terceiros que ora me apresento a vós, pois já deveria me encontrar morta. Invoco a morte e, para isso, não necessito de ninguém. Cria-se a aparência de se encontrar prazer ao regar o jardim – calçam-se, para isso, sandálias de madeira –, escolhe-se um lugar escorregadio aonde se vai buscar água todos os dias, arranjam-se as coisas de modo a deixar-se submergir no reservatório da fonte, e as pessoas dirão que aquilo foi um 'infortúnio'*. Calculei tudo, meu senhor. Desejava que amanhã fosse o dia, eu iria embora de todo o coração. Tudo está preparado para acontecer dessa forma. Mandaram que eu vos dissesse isso, então eu vos digo. Cabe a vós decidir se haverá apenas uma morte ou se haverá duas. Pois de minha covardia obteve-se o juramento de que eu acataria sem reservas a vossa decisão. Decidi!"

"Esta alternativa", prosseguiu o doutor, "espantou-me. A voz daquela mulher possuía um timbre límpido e harmonioso; sua mão, que eu mantinha entre as minhas, era fina e delicada, seu desespero franco e decidido denotava uma alma admirável. Tratava-se, porém, de um assunto em

---
* Aspas colocadas por Marx.

relação ao qual sentia-me vacilar, ainda que em milhares de casos, como em partos difíceis, por exemplo, quando a questão cirúrgica oscila entre o salvamento da mãe ou o do bebê, a política ou o humanitarismo decidam inescrupulosamente de acordo com suas preferências."

"Fuja para o estrangeiro", disse-lhe. "Impossível", ela respondeu. "Nisso não se pode nem mesmo pensar!"

"Tome precauções favoráveis!"

"Não posso tomá-las; durmo no mesmo quarto que a mulher cuja amizade traí." "Ela é sua parente?" "Não posso mais responder-vos!"

"Eu teria", prosseguiu o médico, "dado o melhor do meu sangue para salvar aquela mulher do suicídio ou do assassinato, ou para que ela pudesse escapar daquele conflito sem precisar me envolver em um conflito semelhante. Eu me responsabilizava por aquela barbaridade, pois me continha diante da cumplicidade com um assassinato. A luta foi terrível. Então um demônio sussurrou-me que uma pessoa não se mata pelo simples fato de querer morrer; que as pessoas comprometidas, quando se lhes toma o seu poder de fazer o mal, são forçadas a renunciar a seus vícios. Percebi o luxo dos bordados que se deixavam mostrar por entre seus dedos e pude notar a abundância de suas posses pela dicção elegante de seu discurso. Acredita-se que os ricos sejam menos dignos de compaixão; meu orgulho indignou-se contra a ideia de eu ser seduzido pelo ouro, ainda que até então ela não tivesse tocado nesse assunto, o que era mais um sinal de sua delicadeza e a prova de que respeitava meu verdadeiro caráter. Dei uma resposta *negativa*; a dama afastou-se rapidamente; o ruído de um cabriolé convenceu-me de que eu não podia mais reparar o que acabara de fazer."

"Quinze dias depois, os jornais trouxeram-me a solução do segredo*. A jovem sobrinha de um banqueiro parisiense, de no máximo dezoito anos de idade, pupila querida de sua tia, que nunca a perdia de vista desde a morte de sua mãe, deixara-se deslizar para dentro de um regato na propriedade de seus tutores, em Villemomble, e havia se afogado. Seu tutor** estava inconsolável; em sua qualidade de tio, o covarde sedutor podia expor a sua dor diante do mundo.***

Vê-se que, na ausência de algo melhor, o suicídio é o último recurso contra os males da vida privada.

****Entre as causas do suicídio, contei muito frequentemente a exoneração de funcionários, a recusa de trabalho, a súbita queda dos salários, em consequência de que as famílias não obtinham os meios necessários para viver, tanto mais que a maioria delas ganha apenas para comer.

Na época em que, na casa do rei, o número dos guardas foi reduzido, um bravo homem foi afasta-

---

* Peuchet: "daquela dúvida terrível".
** Peuchet: "Seus tutores estavam".
*** Quanto a mim, havia matado a mãe ao querer poupar a criança.
**** Devo mencionar o exemplo daquela criança que, trancada em um sótão pela cólera de seu pai, jogou-se do quinto andar, num acesso de cólera frenética, caindo em meio a seus parentes? Devo citar, ainda, aqueles infelizes que, todos os anos, asfixiam-se juntamente com suas crianças para escapar aos ultrajes da miséria? Assim concluo este capítulo triste, em que são energicamente expostos os males que corroem todas as classes da sociedade. É preciso ter razão com sobriedade.

do, como muitos outros, e sem maiores cerimônias.*
Sua idade e sua falta de proteção não lhe permitiam reincorporar-se às Forças Armadas; a indústria estava fechada para a sua carência de instrução.

Tentou entrar na administração civil; os concorrentes**, muito numerosos aqui como em toda parte, vedaram-lhe esse caminho. Caiu num profundo desânimo e se matou. Em seu bolso, foram encontradas uma carta e informações sobre suas relações pessoais. Sua mulher era uma pobre costureira; suas duas filhas, de dezesseis e dezoito anos, trabalhavam com ela. *Tarnau,* nosso suicida, dizia nos papéis que deixou "que, não podendo mais ser útil a sua família, e sendo forçado a viver à custa de sua mulher e de seus filhos, achava que era sua obrigação privar-se da vida para aliviá-los dessa sobrecarga; ele recomendava suas filhas à duquesa de Angoulême; esperava, da bondade dessa princesa, que se tivesse piedade de tanta miséria". Escrevi um boletim ao chefe de polícia de Angles e, após o andamento natural do caso, a duquesa fez *depositar* 600 francos para a infeliz família *Tarnau.****

Triste ajuda, sem dúvida, depois de uma tal perda! Mas como exigir que uma família**** se encarregue de ajudar a todos os desafortunados, uma

---

* Os governos representativos não tratam dessa questão com o devido cuidado; ocupam-se apenas com a economia por atacado, e tanto pior para os acontecimentos que se dão no varejo.
** Peuchet: "os pretendentes".
*** Peuchet escreve, no lugar da segunda metade desta frase: "Enviou-se uma nota ao visconde de Monmorency, cavaleiro de honra de Sua Majestade; madame deu ordens para que uma soma de 600 francos fosse enviada à família do infeliz Tarnau. O sr. Bastien Beaupré, comissário de polícia do bairro, foi encarregado da entrega daquele benefício".
**** Peuchet: "a família real".

vez que, somando-se tudo, nem mesmo a França inteira, tal como ela é no presente, não os poderia alimentar. A caridade dos ricos não bastaria para tanto, mesmo que nossa nação inteira fosse religiosa, o que está muito longe de ser verdade.

O suicídio elimina a pior parte da dificuldade, o cadafalso ocupa-se com o resto. Somente com uma reforma de nosso sistema geral de agricultura e indústria pode-se esperar por fontes de recursos e por uma verdadeira riqueza. Nos pergaminhos, podemos facilmente proclamar constituições, o direito de todo cidadão à educação, ao trabalho e, sobretudo, a um mínimo de meios de subsistência. Mas, com isso, não se fez tudo; ao se escreverem esses desejos generosos sobre o papel, persiste a verdadeira tarefa de fazer frutificar essas ideias liberais por meio de instituições materiais e inteligentes, por meio de instituições sociais.

O mundo antigo, a disciplina pagã, lançou à terra formidáveis criações; resistirá a liberdade moderna* à sua rival? Quem fundirá esses dois magníficos elementos do poder?** E assim prossegue *Peuchet*.

---

* esta filha de Cristo,
** Para obter dados exatos sobre o suicídio, elaborei o plano de um grande trabalho. Inicialmente, fiz uma avaliação analítica e ponderada dos autos dos suicídios; em seguida, dispus as características particulares de cada caso em tabelas divididas em várias colunas: 1) a data do evento; 2) o nome do indivíduo; 3) seu sexo; 4) seu estamento ou profissão; 5) se ele era casado, com ou sem filhos; 6) seu gênero de morte, ou os meios dos quais ele se serviu para se suicidar; a sétima coluna era destinada às diversas observações que podiam ser extraídas das particularidades presentes nas outras colunas. Limitei-me aos anos de 1820, 1821 e 1824 e à circunscrição de Paris. Pareceu-me que esses três anos bastavam para oferecer objetos de comparação sobre o número e os motivos conhecidos dos suicídios; acrescentei a isso o resumo daqueles que ocorreram de 1817 a 1824.

Sobre o suicídio

Por fim, gostaríamos de fornecer uma de suas tabelas sobre os suicídios anuais em Paris.

Em outra tabela divulgada por *Peuchet*, consta que, de 1817 a 1824 (incluídos), ocorreram 2 808 suicídios em Paris. Naturalmente, o número é, em verdade, maior. Principalmente em relação aos afogados, cujos corpos são depositados no necrotério, apenas em pouquíssimos casos pode-se afirmar com certeza se se trata ou não de um caso de suicídio.[8]

Gesellschaftsspiegel, tomo II, volume VII, p. 14-26.

Tabela sobre os suicídios em Paris durante o ano de 1824

Número
1º semestre.. 198
2º semestre.. 173
Portanto, 371

Da tentativa de suicídio
Sobreviventes.. 125
Não sobreviventes...................................... 246

Sexo masculino... 239
Sexo feminino... 132

Solteiros... 207
Casados.. 164

Tipo de morte
Queda voluntária... 47
Queda de cavalo... 38
Por instrumentos cortantes........................ 40
Por arma de fogo... 42

Karl Marx

Por envenenamento 28
Asfixia por carvão 61
Afogamento voluntário 115

Motivos
Paixão, brigas e desgostos domésticos 71
Doenças, depressão, fraqueza de espírito 128
Má conduta, jogo, loteria, medo de
censuras e castigos 53
Miséria, necessidade ou perda de emprego e
mudança de posto de trabalho 59
Motivos desconhecidos 60

NOTAS DO EDITOR

1 A *Gazette de France,* fundada em 1631 com o suporte do cardeal Richelieu, dedicava-se sobretudo à publicação de documentos oficiais e de política externa. Até 1789, gozava de fato de um monopólio sobre a publicação das informações políticas oficiais. Depois da Revolução, sustentou sua orientação monarquista e perdurou até 1915. Peuchet dirigiu a redação nos anos 1789-1790.

2 O *Mercure de France* foi um dos primeiros jornais literários da França. Fundado em 1762 como *Le Mercure Galant,* exerceu um papel central nos debates culturais e artísticos até sua suspensão, em 1832. Quando Mallet du Pan, em 1790, deixou a França em missão oficial de Luís XVI, Peuchet assumiu a redação, que manteve até 1792. Nesse tempo, o *Mercure* defendia energicamente o rei e os princípios da monarquia contra os revolucionários. Em 1890, uma nova edição do *Mercure de France* foi ressuscitada por um grupo de intelectuais.

3 Durante os Cem Dias, de 20 de março a 22 de junho de 1815, Napoleão voltou à França, saído do exílio, ao qual fora condenado em 1814, depois de sua primeira derrota. Ele retornou ao poder, mas, depois da derrota francesa em Waterloo, foi exilado para sempre.

4 De fato, até 1825.

5 A Assembleia Nacional Constituinte (1789-1791), com a Declaração dos Direitos do Homem e do Ci-

dadão, pôs em andamento a Revolução. Fundou um novo sistema, constitucional, que restringia o poder da monarquia e da Igreja Católica. A Convenção Nacional (1792-1794) pôs de lado a monarquia e fundou a Primeira República, derrubada prontamente na ditadura da facção jacobina, que implantou o Grande Terror. O Tribunal (1799-1807) foi um órgão legislativo sob Bonaparte. A partir da Restauração de 1814, a monarquia foi restabelecida com Luís XVIII e a Câmara dos Deputados vingou-se de Bonaparte e da Revolução com uma série de medidas políticas.

6   O título exato é *Statistique élémentaire de la France* e a data correta da publicação é 1805, não 1807.

7   Uma mulher e sua filha vivem na pobreza, porque as jogadas econômicas do bonapartismo as arruinaram financeiramente. Seguindo o desejo de sua mãe, a filha se casa com um capitão em boas condições. A mãe, que vive com eles, quer, porém, manter o domínio sobre a filha, não obstante a mudança de sua situação. A contrariedade entre elas conduz a um conflito aberto. O marido, apreensivo com aquilo, não ousa intervir. Subitamente a paz familiar retorna, a filha submete-se novamente à autoridade materna. O esposo busca explicações, mas depara-se com um muro de silêncio das duas mulheres. Em seguida, abre uma gaveta secreta e dentro dela encontra cartas, que estão em posse da mãe e indicam que a filha, antes do casamento, mantivera relações com três oficiais. A cada um deles ela havia declarado o seu amor imorredouro, apesar da espantosa proximidade temporal entre as três correspondências. O marido, embora afirme que tais ações de uma mulher, assim como as do homem, devem ser perdoadas, não diz nada sobre a manifesta chantagem que a mulher sofria por parte da própria mãe. De imediato, começa a esposa a colocar novamente a autoridade de sua mãe em questão. A mãe leva, então, suas ameaças ao ápice e convida os três oficiais, a quem a filha havia se entregado, para uma refeição. Ao fim das discussões,

o esposo e a mulher acabam sempre se desculpando um ao outro sem, no entanto, chegar a esclarecer a razão daqueles conflitos. A jovem mulher desaparece naquela noite. No dia seguinte, seu cadáver é encontrado sob uma das pontes do Sena. Peuchet indica, com esse relato, a propagada tendência de minimizar ou negligenciar, nos outros, os sinais do mais extremo desespero. Nossa incredulidade diante da inclinação das outras pessoas ao suicídio corresponde, de um lado, ao isolamento social e, de outro, à moral então dominante.

Em 1814, uma jovem bordadeira com ambições literárias casa-se com um pequeno funcionário. Ela não o ama, mas consente nas bodas porque uma amiga a convence de que a união com aquele jovem claramente ambicioso melhorará sua posição. A amiga espalha, por toda parte, que se trata de uma relação amorosa unilateral, de tal modo que essa notícia chega diretamente ao noivo, antes do casamento. A noiva o tranquiliza e dão-se as núpcias. Quase imediatamente, o novo esposo torna-se extremamente ciumento. As tentativas de amainá-lo, quando ela atendia a todos os seus desejos, apenas acentuam sua desconfiança. Nesse intervalo de tempo, a jovem mulher havia abandonado suas tentativas literárias e renunciado, sob pressão de seu marido, a sair de casa e a receber visitas na ausência dele. Seu ciúme violento torna o homem tão confuso que ele logo perde o emprego e passa a trabalhar apenas ocasionalmente. A mulher começa a preocupar-se por causa de algumas cartas, platônicas porém afetuosas, que trocara antes das núpcias com um jovem poeta. Ela recolhe as cartas, mas hesita em queimá-las e as esconde. Um dia, o esposo as descobre. Quando ela ousa mostrar-lhas, ele as toma para si, com violência. Então, ela ameaça abandoná-lo ou afogar-se caso ele não lhas devolva imediatamente. Inseguro, ele lhe devolve as cartas e deixa a casa por alguns minutos. De volta a casa, não encontra mais sua mulher e vê

Notas do editor

apenas os pedaços das cartas queimadas a esvoaçar no fogo da lareira. Ele decide que, dali em diante, será mais liberal com sua esposa, mas já é tarde. Perturbada e com pensamentos de suicídio, a jovem senhora dirige-se a uma amiga íntima, que, porém, estava muito ocupada com um hóspede forasteiro para poder falar com ela. Ela vagueia pelas estradas e encontra uma mulher muito compreensiva, que a aconselha a voltar a casa; seu marido, diz ela, a receberá novamente e a perdoará. Quando, no dia seguinte, a mulher ainda está longe, o esposo começa a anunciar, no seu círculo de conhecidos, sua resolução de chamar o poeta e queixar-se a ele do assédio sedutor a sua esposa. Dois dias mais tarde, o cadáver dela é encontrado às margens de uma ilha do Sena. Suicidou-se claramente na mesma noite em que deixou a casa. Peuchet, com auxílio dessa notícia, discute como os homens podem ser tão desprovidos de sentimentos, como podem ser tão maldosamente capazes de intrigar-se com, mas não de ver, o que se passa na vida dos outros homens. Procura-se, de preferência, um culpado, em vez de uma explicação efetiva.

Finalmente, Peuchet recapitula, em uma passagem bastante curta, de que modo os suicídios, quando se tornam públicos, podem arruinar as famílias deixadas para trás. Num caso, um fabricante de latas de conserva, estando diante da ruína, desfere uma bala na cabeça, em seu estabelecimento, já tarde da noite. Pela grande quantidade de pólvora armazenada, sua morte seria facilmente declarada como acidente, mas uma testemunha ocasional ouve o surdo tiro e alarma a vizinhança. O suicídio é descoberto e a família perde sua herança. Em outros casos, pessoas são encontradas afogadas e as famílias rejeitam a hipótese do suicídio, atribuindo a morte a uma provável sonolência ou distração das vítimas. Mais tarde, encontram-se indícios do suicídio e as famílias ficam difamadas. Peuchet pretende, com isso, deixar claro que nem sempre é fácil desvendar a causa da morte. Consequentemente, há mais suicídios do que aqueles que são comprovados, o que Marx sustenta no último parágrafo do seu ensaio.

8   Marx omite as seis tabelas seguintes, que Peuchet acrescenta no fim do seu ensaio. Duas delas, relativas aos anos de 1820 e 1821, apresentam dados do mesmo tipo da tabela de 1824, reproduzida por Marx. Uma terceira tabela, bem pequena, compara números de suicídio de 1820 e 1821. Outra tabela apresenta os dados das tentativas de suicídio, dos suicídios praticados e dos suicídios conforme o sexo para cada ano de 1817 a 1824. Marx deduz o número geral de 2808 suicídios, em que ele – como também o faz Peuchet, nas suas exposições – inclui suicídios e tentativas de suicídio. Em todo caso, a partir dessa tabela, Peuchet chega facilmente aos números altamente diferenciados do suicídio de homens e de mulheres, aparecendo em cada ano o número dos suicídios masculinos como aproximadamente o dobro dos suicídios femininos. Sobre isso, ele escreve: "Notar-se-á, neste ponto, que o número das mulheres é muito mais baixo que o dos homens, seja porque elas suportam mais corajosamente as necessidades da vida, rendem-se menos a elas ou têm mais sentimentos religiosos, que lhes dão força nesses momentos terríveis; seja, finalmente – o que é bastante possível –, porque a aflição, uma vez que é capaz de matá-las, tira-lhes do alcance até mesmo o poder de decisão". Uma tabela seguinte estabelece o número dos afogados ou dos salvos de afogamento e seus sexos nos anos de 1811-1817. Uma última tabela documenta, do mesmo modo, para os anos de 1811-1817 e segundo o sexo e o local onde foram encontrados, o número das vítimas de suicídio no necrotério de Paris. Um problema fundamental em todas essas tabelas consiste em que Peuchet expõe separadamente seus números totais por sexo, mas não segundo suas diferentes subcategorias (p. ex., suicídios *vs.* tentativas de suicídio, motivos do sui-

cídio ou modo de execução). Porém, se apontamos esses limites, também devemos nos lembrar de que essas tabelas representam ainda uma tentativa muito incipiente de apresentar estatísticas sociais.

ÍNDICE ONOMÁSTICO

BALZAC, HONORÉ DE (1799-1850). Escritor francês, formou-se em Direito, atuou como jornalista, mas tornou-se célebre com seus romances, que o alçaram à condição de pai do realismo na literatura europeia, junto com Flaubert. Asseverando que "um só homem deve ter o poder de fazer leis", defendia a monarquia constitucional como forma mais elevada de governo, alicerçada em uma aristocracia do tipo feudal, e questionava a igualdade e a liberdade burguesa, duvidando da capacidade de autodeterminação dos povos. Em *A comédia humana* estão reunidos mais de noventa romances e contos, que juntos fornecem uma detalhada descrição da sociedade francesa da época. p. 15, 17

CARLYLE, THOMAS (1795-1881). Historiador e ensaísta escocês, foi um dos expoentes do "socialismo feudal". Marx destacou nele o mérito de "se haver manifestado, já ao começo, contra a burguesia, em uma época em que as concepções desta mantinham subjugada toda a literatura oficial inglesa", mas criticou, ao mesmo tempo, suas posições reacionárias diante da classe operária, bem como sua "apoteose anti-histórica da Idade Média" e seu culto aos heróis. A obra de Carlyle é marcada por uma concepção original da história como fruto da vontade divina e do heroísmo dos grandes homens. Entre suas obras, pode-se destacar a *História da Revolução Francesa*, escrita em 1837. p. 17

Índice onomástico

DICKENS, CHARLES (1812-1870). Escritor inglês, foi o mais célebre romancista da era vitoriana, autor de vasto painel sobre os efeitos da industrialização em Londres. Teve papel fundamental na introdução da crítica social na literatura de ficção inglesa, denunciando sobretudo a terrível situação em que vivia a classe trabalhadora na Inglaterra. Dentre sua vasta obra, podem-se destacar *Oliver Twist* (1839) e *David Copperfield* (1850). p. 17

DUMAS, ALEXANDRE (1802-1870). Romancista e dramaturgo francês. Em 1830 participou da derrubada de Carlos X. Tornou-se o novo rei um antigo patrão de Dumas, o duque d'Orleans, que assumiu o trono com o nome de Luís Felipe de França. Graças a seus romances, adquiriu grande fama e dinheiro, mas acabou consumindo rapidamente sua fortuna com seus hábitos boêmios. Em função das dívidas assumidas e da ascensão, em 1951, de Napoleão III, que não simpatizava com Alexandre Dumas, ele partiu para Bruxelas e depois viajou à Rússia, onde ficou por dois anos. De lá, foi à Itália, onde participou da luta pela unificação do país, retornando a Paris em 1864. Entre seus romances, podem-se destacar *Os três mosqueteiros* e *O quebra-nozes*, ambos escritos em 1844. p. 15

FOURIER, CHARLES (1772-1837). Foi um importante representante do socialismo utópico na França e lutou pelos direitos da mulher e pela liberdade sexual. Nas comunas modelares por ele propagadas (os falanstérios), dominava a propriedade comum – os proprietários deviam, em lugar de uma especialização restrita, buscar múltiplas ocupações. Publicou, entre outras obras, a *Teoria dos quatro movimentos* (1808). p. 21

HESS, MOSES (1812-1875). Filósofo e jornalista alemão, foi o primeiro dos jovens hegelianos a abraçar e defender publicamente o comunismo. Companheiro de Marx na *Gazeta Renana*, exerceu grande influência sobre ele e Engels, assumindo papel fundamental na conversão dos dois ao comunismo. Muitas de suas proposições foram incorporadas por Marx, mas não tardou para que ocorresse uma ruptura entre ambos, em função de divergências teóricas e, sobretudo, em relação ao que consideravam práticas adequadas para o combate ao capitalismo e a construção do socialismo. Dentre as obras de Hess, podem-se citar *A triarquia europeia* (1841) e *Roma e Jerusalém* (1862), que o tornou conhecido como um precursor do sionismo. p. 14, 15, 67, 77

MALLET DU PAN (1749-1800). Escritor e político francês, foi, juntamente com Edmund Burke e Joseph de Maistre, um importante líder da reação conservadora à Revolução Francesa. Desde 1784, dirigia o *Mercure de France* (v. nota 2). Em 1790, por ordem de Luís XVI, saiu do país para travar contato com outros monarcas, inimigos da Revolução. Suas *Considérations sur la nature de la Révolution de France* (1793) foram largamente aceitas na Europa, e Mallet du Pan foi promovido a preeminente conselheiro dos governos voltados contra a França. Em 1797, teve de deixar o continente e partir para Londres, onde iniciou a publicação do jornal *Le Mercure Britannique*. p. 9, 22, 53n

MARIA TEREZA (1778-1851). Conhecida como duquesa de Angoulême, filha de Luís XVI e Maria Antonieta, viveu no exílio até sua volta à França, no ano de 1814. Exerceu grande influência após a Restauração. p. 49

MORELLET, ANDRÉ (1727-1819). Também conhecido como abade Morellet, foi um teólogo e filósofo francês. Colaborou numa obra fundamental do Iluminismo, a *Enciclopédia*, na qual escreveu um artigo sobre a religião. Encarcerado por dois meses na Bastilha, em 1760, por causa de suas ideias, publicou, em 1762, o *Manual das inquisições*. Embora tenha inicialmente defendido a Revolução, voltou-se contra ela ainda em 1789, decepcionado com a supressão do conjunto de privilégios feudais. Voltou-se também contra os

jacobinos, mas entrou novamente em evidência sob
o Consulado de Bonaparte, em 1799, quando desempenhou um papel-chave na refundação da Academia
Francesa e dela tornou-se membro. p. 22

NEUFCHÂTEAU, FRANÇOIS DE (1750-1828). Poeta e
dramaturgo, exerceu influência na primeira fase da
Revolução. Voltou-se contra os jacobinos e foi preso
em 1793. Depois da queda dos jacobinos, em 1794,
reassumiu sua carreira política e, em 1797, tornou-se
ministro do Interior. Dedicou-se ao desenvolvimento
econômico e, além disso, fundou o Museu do Louvre.
De 1799 a 1815, foi senador sob Bonaparte. p. 9, 23

OWEN, ROBERT (1771-1858). Foi um dos principais
representantes do socialismo utópico e do movimento
cooperativista inglês. Sua fábrica-modelo, na colônia
escocesa de New Lanarck, gerava lucro e ao mesmo
tempo proporcionava aos trabalhadores avanços
sociais generosos, extraordinários naquele tempo.
Publicou, entre outros, o escrito *A new view of society*
(1813). p. 21, 72

ROUSSEAU, JEAN-JACQUES (1712-1778). Filósofo e
pensador francês, foi teórico político, escritor, compositor autodidata, educador. Um dos principais
nomes do Iluminismo, Rousseau figura entre os pais
da Revolução Francesa, em função de suas denúncias
contra a desigualdade e a propriedade privada e de
seu apelo à soberania popular, o que lhe valeu uma
série de perseguições durante toda sua vida. Seus
escritos tornaram-se célebres e, dentre eles, estão *O
contrato social* (1762) e *O discurso sobre a origem
e o fundamento da desigualdade entre os homens*
(1749). p. 16, 28

SISMONDI, JEAN-CHARLES-LÉONARD SISMONDE DE
(1773-1842). Economista e historiador suíço, criticou a teoria econômica clássica do ponto de vista
do romantismo e denunciou os perigos inerentes à
industrialização e ao desenvolvimento desordenado

do capitalismo. Sismondi assinalou as contradições do capitalismo, mas "se limitou a uma crítica sentimental do capitalismo, partindo de um ponto de vista pequeno-burguês", segundo Lenin. Entre suas obras, pode-se destacar *Novos princípios de economia política*, de 1819. p. 17

STAËL, GERMAINE DE (1766-1817). Conhecida como madame de Staël, foi um vulto dominante da vida literária e, na Paris dos anos 1790, manteve um célebre salão. Com seus escritos literários e históricos, foi cofundadora do romantismo. Como liberal moderada, defendia uma monarquia constitucional conforme ao modelo inglês e, apesar de ter inicialmente apoiado a Revolução, voltou-se, a partir de 1792, contra os jacobinos, o Diretório e Bonaparte, o que a levou, no final, a dar as costas à França. Pertencem a seus escritos os romances *Delphine* (1802) e *Corinne* (1807), além de obras políticas, como *Considérations sur la Révolution Française* (1818). p. 24

VOLTAIRE (1694-1778). Pseudônimo de François-Marie Arouet, foi um poeta, ensaísta, dramaturgo, historiador e filósofo francês. Uma das figuras mais influentes do "Século das Luzes", tornou-se notável por sua escrita leve e por sua aguda ironia, que empregava contra o clericalismo e a intolerância. Envolveu-se em polêmicas com Montesquieu e Rousseau e foi bastante influenciado por Locke. Embora não tenha chegado ao materialismo, considerava a experiência a fonte do conhecimento. Entre suas várias obras, podem-se destacar o romance *Cândido* (1759) e as *Cartas filosóficas* (1733), escritas em seu exílio na Inglaterra. p. 17

CRONOLOGIA RESUMIDA

	Karl Marx	Friedrich Engels
1818	Em Trier (capital da província alemã do Reno), nasce Karl Marx (5 de maio), o segundo de oito filhos de Heinrich Marx e de Enriqueta Pressburg. Trier na época era influenciada pelo liberalismo revolucionário francês e pela reação ao Antigo Regime, vinda da Prússia.	
1820		Nasce Friedrich Engels (28 de novembro), primeiro dos oito filhos de Friedrich Engels e Elizabeth Franziska Mauritia van Haar, em Barmen, Alemanha. Cresce no seio de uma família de industriais religiosa e conservadora.
1824	O pai de Marx, nascido Hirschel, advogado e conselheiro de Justiça, é obrigado a abandonar o judaísmo por motivos profissionais e políticos (os judeus estavam proibidos de ocupar cargos públicos na Renânia). Marx entra para o Ginásio de Trier (outubro).	
1830	Inicia seus estudos no Liceu Friedrich Wilhelm, em Trier.	
1834		Engels ingressa, em outubro, no Ginásio de Elberfeld.
1835	Escreve *Reflexões de um jovem perante a escolha de sua profissão*. Presta exame final de bacharelado em Trier (24 de setembro). Inscreve-se na Universidade de Bonn.	

Cronologia resumida

	Karl Marx	Friedrich Engels
1836	Estuda Direito na Universidade de Bonn. Participa do Clube de Poetas e de associações de estudantes. No verão, fica noivo em segredo de Jenny von Westphalen, sua vizinha em Trier. Em razão da oposição entre as famílias, casar-se-iam apenas sete anos depois. Matricula-se na Universidade de Berlim.	Na juventude, fica impressionado com a miséria em que vivem os trabalhadores das fábricas de sua família. Escreve *Poema*.
1837	Transfere-se para a Universidade de Berlim e estuda com mestres como Gans e Savigny. Escreve *Canções selvagens* e *Transformações*. Em carta ao pai, descreve sua relação contraditória com o hegelianismo, doutrina predominante na época.	Por insistência do pai, Engels deixa o ginásio e começa a trabalhar nos negócios da família. Escreve *História de um pirata*.
1838	Entra para o Clube dos Doutores, encabeçado por Bruno Bauer. Perde o interesse pelo Direito e entrega-se com paixão ao estudo da filosofia, o que lhe compromete a saúde. Morre seu pai.	Estuda comércio em Bremen. Começa a escrever ensaios literários e sociopolíticos, poemas e panfletos filosóficos em periódicos como o *Hamburg Journal* e o *Telegraph für Deutschland*, entre eles o poema "O beduíno" (setembro), sobre o espírito da liberdade.
1839		Escreve o primeiro trabalho de envergadura, *Briefe aus dem Wupperthal* [Cartas de Wupperthal], sobre a vida operária em Barmen e na vizinha Elberfeld (*Telegraph für Deutschland*, primavera). Outros viriam, como *Literatura popular alemã, Karl Beck* e *Memorabilia de Immermann*. Estuda a filosofia de Hegel.
1840	K. F. Koeppen dedica a Marx seu estudo *Friedrich der Grosse und seine Widersacher* [Frederico, o Grande, e seus adversários].	Engels publica *Réquiem para o Aldeszeitung alemão* (abril), *Vida literária moderna*, no *Mitternachtzeitung* (março-maio) e *Cidade natal de Siegfried* (dezembro).
1841	Com uma tese sobre as diferenças entre as filosofias de Demócrito e Epicuro, Marx recebe em Iena o título de doutor em Filosofia (15 de abril). Volta a Trier. Bruno Bauer, acusado de ateísmo,	Publica *Ernst Moritz Arndt*. Seu pai o obriga a deixar a escola de comércio para dirigir os negócios da família. Engels prosseguiria sozinho seus estudos de filosofia, religião,

Karl Marx

é expulso da cátedra de Teologia da Universidade de Bonn, com isso Marx perde a oportunidade de atuar como docente nessa universidade.

Friedrich Engels

literatura e política. Presta o serviço militar em Berlim por um ano. Frequenta a Universidade de Berlim como ouvinte e conhece os jovens hegelianos. Critica intensamente o conservadorismo na figura de Schelling, com os escritos *Schelling em Hegel, Schelling e a revelação* e *Schelling, filósofo em Cristo*.

1842

Elabora seus primeiros trabalhos como publicista. Começa a colaborar com o jornal *Rheinische Zeitung* [Gazeta Renana], publicação da burguesia em Colônia, do qual mais tarde seria redator. Conhece Engels, que na ocasião visitava o jornal.

Em Manchester assume a fiação do pai, a Ermen & Engels. Conhece Mary Burns, jovem trabalhadora irlandesa, que viveria com ele até a morte. Mary e a irmã Lizzie mostram a Engels as dificuldades da vida operária, e ele inicia estudos sobre os efeitos do capitalismo no operariado inglês. Publica artigos no *Rheinische Zeitung*, entre eles "Crítica às leis de imprensa prussianas" e "Centralização e liberdade".

1843

Sob o regime prussiano, é fechado o *Rheinische Zeitung*. Marx casa-se com Jenny von Westphalen. Recusa convite do governo prussiano para ser redator no diário oficial. Passa a lua de mel em Kreuznach, onde se dedica ao estudo de diversos autores, com destaque para Hegel. Redige os manuscritos que viriam a ser conhecidos como *Crítica da filosofia do direito de Hegel* [*Zur Kritik der Hegelschen Rechtsphilosophie*]. Em outubro vai a Paris, onde Moses Hess e George Herwegh o apresentam às sociedades secretas socialistas e comunistas e às associações operárias alemãs.
Conclui *Sobre a questão judaica* [*Zur Judenfrage*]. Substitui Arnold Ruge na direção dos *Deutsch--Französische Jahrbücher* [Anais Franco-Alemães]. Em dezembro inicia grande amizade com Heinrich Heine e conclui sua

Engels escreve, com Edgar Bauer, o poema satírico "Como a Bíblia escapa milagrosamente a um atentado impudente ou O triunfo da fé", contra o obscurantismo religioso.
O jornal *Schweuzerisher Republicaner* publica suas "Cartas de Londres". Em Bradford, conhece o poeta G. Weerth. Começa a escrever para a imprensa cartista. Mantém contato com a Liga dos Justos. Ao longo desse período, suas cartas à irmã favorita, Marie, revelam seu amor pela natureza e por música, livros, pintura, viagens, esporte, vinho, cerveja e tabaco.

Cronologia resumida

Karl Marx	Friedrich Engels
"Crítica da filosofia do direito de Hegel – Introdução" [*Zur Kritik der Hegelschen Rechtsphilosophie – Einleitung*].	

1844 — Em colaboração com Arnold Ruge, elabora e publica o primeiro e único volume dos *Deutsch-Französische Jahrbücher*, no qual participa com dois artigos: "A questão judaica" e "Introdução a uma crítica da filosofia do direito de Hegel". Escreve os *Manuscritos econômico-filosóficos* [*Ökonomisch-philosophische Manuskripte*]. Colabora com o *Vorwärts!* [Avante!], órgão de imprensa dos operários alemães na emigração. Conhece a Liga dos Justos, fundada por Weitling. Amigo de Heine, Leroux, Blanc, Proudhon e Bakunin, inicia em Paris estreita amizade com Engels. Nasce Jenny, primeira filha de Marx. Rompe com Ruge e desliga-se dos *Deutsch-Französische Jahrbücher*. O governo decreta a prisão de Marx, Ruge, Heine e Bernays pela colaboração nos *Deutsch-Französische Jahrbücher*. Encontra Engels em Paris e em dez dias planejam seu primeiro trabalho juntos, *A sagrada família* [*Die heilige Familie*]. Marx publica no *Vorwärts!* artigo sobre a greve na Silésia.

Em fevereiro, Engels publica *Esboço para uma crítica da economia política* [*Umrisse zu einer Kritik der Nationalökonomie*], texto que influenciou profundamente Marx. Segue à frente dos negócios do pai, escreve para os *Deutsch-Französische Jahrbücher* e colabora com o jornal *Vorwärts!*. Deixa Manchester. Em Paris torna-se amigo de Marx, com quem desenvolve atividades militantes, o que os leva a criar laços cada vez mais profundos com as organizações de trabalhadores de Paris e Bruxelas. Vai para Barmen.

1845 — Por causa do artigo sobre a greve na Silésia, a pedido do governo prussiano Marx é expulso da França, juntamente com Bakunin, Bürgers e Bornstedt. Muda-se para Bruxelas e, em colaboração com Engels, escreve e publica em Frankfurt *A sagrada família*. Ambos começam a escrever *A ideologia alemã* [*Die deutsche Ideologie*] e Marx elabora "As teses sobre Feuerbach" [*Thesen über Feuerbach*]. Em setembro nasce Laura, segunda filha de Marx e Jenny. Em dezembro, ele renuncia à nacionalidade prussiana.

As observações de Engels sobre a classe trabalhadora de Manchester, feitas anos antes, formam a base de uma de suas obras principais, *A situação da classe trabalhadora na Inglaterra* [*Die Lage der arbeitenden Klasse in England*] (publicada primeiramente em alemão; a edição seria traduzida para o inglês 40 anos mais tarde). Em Barmen organiza debates sobre as ideias comunistas junto com Hess e profere os *Discursos de Elberfeld*. Em abril sai de Barmen e encontra Marx em Bruxelas. Juntos, estudam economia e

Sobre o suicídio

Karl Marx	Friedrich Engels
	fazem uma breve visita a Manchester (julho e agosto), onde percorrem alguns jornais locais, como o *Manchester Guardian* e o *Volunteer Journal for Lancashire and Cheshire*. Lançada *A situação da classe trabalhadora na Inglaterra*, em Leipzig. Começa sua vida em comum com Mary Burns.
1846 Marx e Engels organizam em Bruxelas o primeiro Comitê de Correspondência da Liga dos Justos, uma rede de correspondentes comunistas em diversos países, a qual Proudhon se nega a integrar. Em carta a Annenkov, Marx critica o recém-publicado *Sistema das contradições econômicas ou Filosofia da miséria* [*Système des contradictions économiques ou Philosophie de la misère*], de Proudhon. Redige com Engels a *Zirkular gegen Kriege* [Circular contra Kriege], crítica a um alemão emigrado dono de um periódico socialista em Nova York. Por falta de editor, Marx e Engels desistem de publicar *A ideologia alemã* (a obra só seria publicada em 1932, na União Soviética). Em dezembro nasce Edgar, o terceiro filho de Marx.	Seguindo instruções do Comitê de Bruxelas, Engels estabelece estreitos contatos com socialistas e comunistas franceses. No outono, ele se desloca para Paris com a incumbência de estabelecer novos comitês de correspondência. Participa de um encontro de trabalhadores alemães em Paris, propagando ideias comunistas e discorrendo sobre a utopia de Proudhon e o socialismo real de Karl Grün.
1847 Filia-se à Liga dos Justos, em seguida nomeada Liga dos Comunistas. Realiza-se o primeiro congresso da associação em Londres (junho), ocasião em que se encomenda a Marx e Engels um manifesto dos comunistas. Eles participam do congresso de trabalhadores alemães em Bruxelas e, juntos, fundam a Associação Operária Alemã de Bruxelas. Marx é eleito vice-presidente da Associação Democrática. Conclui e publica a edição francesa de *Miséria da filosofia* [*Misère de la philosophie*] (Bruxelas, julho).	Engels viaja a Londres e participa com Marx do I Congresso da Liga dos Justos. Publica *Princípios do comunismo* [*Grundsätze des Kommunismus*], uma "versão preliminar" do *Manifesto Comunista* [*Manifest der Kommunistischen Partei*]. Em Bruxelas, junto com Marx, participa da reunião da Associação Democrática, voltando em seguida a Paris para mais uma série de encontros. Depois de atividades em Londres, volta a Bruxelas e escreve, com Marx, o *Manifesto Comunista*.

Cronologia resumida

	Karl Marx	**Friedrich Engels**
1848	Marx discursa sobre o livre-cambismo numa das reuniões da Associação Democrática. Com Engels publica, em Londres (fevereiro), o *Manifesto Comunista*. O governo revolucionário francês, por meio de Ferdinand Flocon, convida Marx a morar em Paris depois que o governo belga o expulsa de Bruxelas. Redige com Engels "Reivindicações do Partido Comunista da Alemanha" [*Forderungen der Kommunistischen Partei in Deutschland*] e organiza o regresso dos membros alemães da Liga dos Comunistas à pátria. Com sua família e com Engels, muda-se em fins de maio para Colônia, onde ambos fundam o jornal *Neue Rheinische Zeitung* [Nova Gazeta Renana], cuja primeira edição é publicada em 1º de junho com o subtítulo *Organ der Demokratie*. Marx começa a dirigir a Associação Operária de Colônia e acusa a burguesia alemã de traição. Proclama o terrorismo revolucionário como único meio de amenizar "as dores de parto" da nova sociedade. Conclama ao boicote fiscal e à resistência armada.	Expulso da França por suas atividades políticas, chega a Bruxelas no fim de janeiro. Juntamente com Marx, toma parte na insurreição alemã, de cuja derrota falaria quatro anos depois em *Revolução e contrarrevolução na Alemanha* [*Revolution und Konterevolution in Deutschland*]. Engels exerce o cargo de editor do *Neue Rheinische Zeitung*, recém-criado por ele e Marx. Participa, em setembro, do Comitê de Segurança Pública criado para rechaçar a contrarrevolução, durante grande ato popular promovido pelo *Neue Rheinische Zeitung*. O periódico sofre suspensões, mas prossegue ativo. Procurado pela polícia, tenta se exilar na Bélgica, onde é preso e depois expulso. Muda-se para a Suíça.
1849	Marx e Engels são absolvidos em processo por participação nos distúrbios de Colônia (ataques a autoridades publicados no *Neue Rheinische Zeitung*). Ambos defendem a liberdade de imprensa na Alemanha. Marx é convidado a deixar o país, mas ainda publicaria *Trabalho assalariado e capital* [*Lohnarbeit und Kapital*]. O periódico, em difícil situação, é extinto (maio). Marx, em condição financeira precária (vende os próprios móveis para pagar as dívidas), tenta voltar a Paris, mas, impedido de ficar, é obrigado a deixar a cidade em 24 horas. Graças a uma campanha de arrecadação de fundos promovida por Ferdinand Lassalle na Alemanha, Marx se estabelece com a família em Londres, onde nasce Guido, seu quarto filho (novembro).	Em janeiro, Engels retorna a Colônia. Em maio, toma parte militarmente na resistência à reação. À frente de um batalhão de operários, entra em Elberfeld, motivo pelo qual sofre sanções legais por parte das autoridades prussianas, enquanto Marx é convidado a deixar o país. Publicado o último número do *Neue Rheinische Zeitung*. Marx e Engels vão para o sudoeste da Alemanha, onde Engels envolve-se no levante de Baden-Palatinado, antes de seguir para Londres.

Sobre o suicídio

	Karl Marx	**Friedrich Engels**
1850	Ainda em dificuldades financeiras, organiza a ajuda aos emigrados alemães. A Liga dos Comunistas reorganiza as sessões locais e é fundada a Sociedade Universal dos Comunistas Revolucionários, cuja liderança logo se fraciona. Edita em Londres a *Neue Rheinische Zeitung* [Nova Gazeta Renana], revista de economia política, bem como *Lutas de classe na França* [*Die Klassenkämpfe in Frankreich*]. Morre o filho Guido.	Publica *A guerra dos camponeses na Alemanha* [*Der deutsche Bauernkrieg*]. Em novembro, retorna a Manchester, onde viverá por vinte anos, e às suas atividades na Ermen & Engels; o êxito nos negócios possibilita ajudas financeiras a Marx.
1851	Continua em dificuldades, mas, graças ao êxito dos negócios de Engels em Manchester, conta com ajuda financeira. Dedica-se intensamente aos estudos de economia na biblioteca do Museu Britânico. Aceita o convite de trabalho do *New York Daily Tribune*, mas é Engels quem envia os primeiros textos, intitulados "Contrarrevolução na Alemanha", publicados sob a assinatura de Marx. Hermann Becker publica em Colônia o primeiro e único tomo dos *Ensaios escolhidos de Marx*. Nasce Francisca (28 de março), quinta de seus filhos.	Engels, juntamente com Marx, começa a colaborar com o Movimento Cartista [Chartist Movement]. Estuda língua, história e literatura eslava e russa.
1852	Envia ao periódico *Die Revolution*, de Nova York, uma série de artigos sobre *O 18 de brumário de Luís Bonaparte* [*Der achtzehnte Brumaire des Louis Bonaparte*]. Sua proposta de dissolução da Liga dos Comunistas é acolhida. A difícil situação financeira é amenizada com o trabalho para o *New York Daily Tribune*. Morre a filha Francisca, nascida um ano antes.	Publica *Revolução e contrarrevolução na Alemanha* [*Revolution und Konterevolution in Deutschland*]. Com Marx, elabora o panfleto *O grande homem do exílio* [*Die grossen Männer des Exils*] e uma obra, hoje desaparecida, chamada *Os grandes homens oficiais da Emigração*; nela, atacam os dirigentes burgueses da emigração em Londres e defendem os revolucionários de 1848-1849. Expõem, em cartas e artigos conjuntos, os planos do governo, da polícia e do judiciário prussianos, textos que teriam grande repercussão.

Cronologia resumida

Karl Marx | Friedrich Engels

1853 — Marx escreve, tanto para o *New York Daily Tribune* quanto para o *People's Paper*, inúmeros artigos sobre temas da época. Sua precária saúde o impede de voltar aos estudos econômicos interrompidos no ano anterior, o que faria somente em 1857. Retoma a correspondência com Lassalle.

Escreve artigos para o *New York Daily Tribune*. Estuda o persa e a história dos países orientais. Publica, com Marx, artigos sobre a Guerra da Crimeia.

1854 — Continua colaborando com o *New York Daily Tribune*, dessa vez com artigos sobre a revolução espanhola.

1855 — Começa a escrever para o *Neue Oder Zeitung*, de Breslau, e segue como colaborador do *New York Daily Tribune*. Em 16 de janeiro nasce Eleanor, sua sexta filha, e em 6 de abril morre Edgar, o terceiro.

Escreve uma série de artigos para o periódico *Putman*.

1856 — Ganha a vida redigindo artigos para jornais. Discursa sobre o progresso técnico e a revolução proletária em uma festa do *People's Paper*. Estuda a história e a civilização dos povos eslavos. A esposa Jenny recebe uma herança da mãe, o que permite que a família mude para um apartamento mais confortável.

Acompanhado da mulher, Mary Burns, Engels visita a terra natal dela, a Irlanda.

1857 — Retoma os estudos sobre economia política, por considerar iminente nova crise econômica europeia. Fica no Museu Britânico das nove da manhã às sete da noite e trabalha madrugada adentro. Só descansa quando adoece e aos domingos, nos passeios com a família em Hampstead. O médico o proíbe de trabalhar à noite. Começa a redigir os manuscritos que viriam a ser conhecidos como *Grundrisse der Kritik der Politischen Ökonomie* [Esboços de uma crítica da economia política], e que servirão de base à obra *Para a crítica da economia política* [*Zur Kritik der Politischen Ökonomie*]. Escreve a célebre *Introdução de 1857*. Continua a colaborar no *New York Daily Tribune*. Escreve

Adoece gravemente em maio. Analisa a situação no Oriente Médio, estuda a questão eslava e aprofunda suas reflexões sobre temas militares. Sua contribuição para a *New American Encyclopaedia* [Nova Enciclopédia Americana], versando sobre as guerras, faz de Engels um continuador de Von Clausewitz e um precursor de Lenin e Mao Tsé-Tung. Continua trocando cartas com Marx, discorrendo sobre a crise na Europa e nos Estados Unidos.

Karl Marx

artigos sobre Jean-Baptiste Bernadotte, Simón Bolívar, Gebhard Blücher e outros na *New American Encyclopaedia* [Nova Enciclopédia Americana]. Atravessa um novo período de dificuldades financeiras e tem um novo filho, natimorto.

Friedrich Engels

1858 O *New York Daily Tribune* deixa de publicar alguns de seus artigos. Marx dedica-se à leitura de *Ciência da lógica* [*Wissenschaft der Logik*] de Hegel. Agravam-se os problemas de saúde e a penúria.

Engels dedica-se ao estudo das ciências naturais.

1859 Publica em Berlim *Para a crítica da economia política*. A obra só não fora publicada antes porque não havia dinheiro para postar o original. Marx comentaria: "Seguramente é a primeira vez que alguém escreve sobre o dinheiro com tanta falta dele". O livro, muito esperado, foi um fracasso. Nem seus companheiros mais entusiastas, como Liebknecht e Lassalle, o compreenderam. Escreve mais artigos no *New York Daily Tribune*. Começa a colaborar com o periódico londrino *Das Volk*, contra o grupo de Edgar Bauer. Marx polemiza com Karl Vogt (a quem acusa de ser subsidiado pelo bonapartismo), Blind e Freiligrath.

Faz uma análise, junto com Marx, da teoria revolucionária e suas táticas, publicada em coluna do *Das Volk*. Escreve o artigo "Po und Rhein" [Pó e Reno], em que analisa o bonapartismo e as lutas liberais na Alemanha e na Itália. Enquanto isso, estuda gótico e inglês arcaico. Em dezembro, lê o recém-publicado *A origem das espécies* [*The Origin of Species*], de Darwin.

1860 Vogt começa uma série de calúnias contra Marx, e as querelas chegam aos tribunais de Berlim e Londres. Marx escreve *Herr Vogt* [Senhor Vogt].

Engels vai a Barmen para o sepultamento de seu pai (20 de março). Publica a brochura *Savoia, Nice e o Reno* [*Savoyen, Nizza und der Rhein*], polemizando com Lassalle. Continua escrevendo para vários periódicos, entre eles o *Allgemeine Militar Zeitung*. Contribui com artigos sobre o conflito de secessão nos Estados Unidos no *New York Daily Tribune* e no jornal liberal *Die Presse*.

1861 Enfermo e depauperado, Marx vai à Holanda, onde o tio Lion Philiph concorda em adiantar-lhe uma quantia, por conta da herança de sua mãe. Volta a Berlim e projeta

Cronologia resumida

Karl Marx

com Lassalle um novo periódico. Reencontra velhos amigos e visita a mãe em Trier. Não consegue recuperar a nacionalidade prussiana. Regressa a Londres e participa de uma ação em favor da libertação de Blanqui. Retoma seus trabalhos científicos e a colaboração com o *New York Daily Tribune* e o *Die Presse* de Viena.

1862 Trabalha o ano inteiro em sua obra científica e encontra-se várias vezes com Lassalle para discutirem seus projetos. Em suas cartas a Engels, desenvolve uma crítica à teoria ricardiana sobre a renda da terra. O *New York Daily Tribune*, justificando-se com a situação econômica interna norte-americana, dispensa os serviços de Marx, o que reduz ainda mais seus rendimentos. Viaja à Holanda e a Trier, e novas solicitações ao tio e à mãe são negadas. De volta a Londres, tenta um cargo de escrevente da ferrovia, mas é reprovado por causa da caligrafia.

1863 Marx continua seus estudos no Museu Britânico e se dedica também à matemática. Começa a redação definitiva de *O capital* [*Das Kapital*] e participa de ações pela independência da Polônia. Morre sua mãe (novembro), deixando-lhe algum dinheiro como herança.

1864 Malgrado a saúde, continua a trabalhar em sua obra científica. É convidado a substituir Lassalle (morto em duelo) na Associação Geral dos Operários Alemães. O cargo, entretanto, é ocupado por Becker. Apresenta o projeto e o estatuto de uma Associação Internacional dos Trabalhadores, durante encontro internacional no Saint Martin's Hall de Londres. Marx elabora o Manifesto de Inauguração da Associação Internacional dos Trabalhadores.

Friedrich Engels

Morre, em Manchester, Mary Burns, companheira de Engels (6 de janeiro). Ele permaneceria morando com a cunhada Lizzie. Esboça, mas não conclui, um texto sobre rebeliões camponesas.

Engels participa da fundação da Associação Internacional dos Trabalhadores, depois conhecida como a Primeira Internacional. Torna-se coproprietário da Ermen & Engels. No segundo semestre, contribui, com Marx, para o *Sozial-Demokrat*, periódico da social-democracia alemã que populariza as ideias da Internacional na Alemanha.

Sobre o suicídio

	Karl Marx	**Friedrich Engels**
1865	Conclui a primeira redação de *O capital* e participa do Conselho Central da Internacional (setembro), em Londres. Marx escreve *Salário, preço e lucro* [*Lohn, Preis und Profit*]. Publica no *Sozial-Demokrat* uma biografia de Proudhon, morto recentemente. Conhece o socialista francês Paul Lafargue, seu futuro genro.	Recebe Marx em Manchester. Ambos rompem com Schweitzer, diretor do *Sozial-Demokrat*, por sua orientação lassalliana. Suas conversas sobre o movimento da classe trabalhadora na Alemanha resultam em artigo para a imprensa. Engels publica *A questão militar na Prússia e o Partido Operário Alemão* [*Die preussische Militärfrage und die deutsche Arbeiterpartei*].
1866	Apesar dos intermináveis problemas financeiros e de saúde, Marx conclui a redação do primeiro livro de *O capital*. Prepara a pauta do primeiro Congresso da Internacional e as teses do Conselho Central. Pronuncia discurso sobre a situação na Polônia.	Escreve a Marx sobre os trabalhadores emigrados da Alemanha e pede a intervenção do Conselho Geral da Internacional.
1867	O editor Otto Meissner publica, em Hamburgo, o primeiro volume de *O capital*. Os problemas de Marx o impedem de prosseguir no projeto. Redige instruções para Wilhelm Liebknecht, recém-ingressado na Dieta prussiana como representante social-democrata.	Engels estreita relações com os revolucionários alemães, especialmente Liebknecht e Bebel. Envia carta de congratulações a Marx pela publicação do primeiro volume de *O capital*. Estuda as novas descobertas da química e escreve artigos e matérias sobre *O capital*, com fins de divulgação.
1868	Piora o estado de saúde de Marx, e Engels continua ajudando-o financeiramente. Marx elabora estudos sobre as formas primitivas de propriedade comunal, em especial sobre o *mir* russo. Corresponde-se com o russo Danielson e lê Dühring. Bakunin se declara discípulo de Marx e funda a Aliança Internacional da Social--Democracia. Casamento da filha Laura com Lafargue.	Engels elabora uma sinopse do primeiro volume de *O capital*.

Cronologia resumida

Karl Marx | Friedrich Engels

1869 — Liebknecht e Bebel fundam o Partido Operário Social-Democrata alemão, de linha marxista. Marx, fugindo das polícias da Europa continental, passa a viver em Londres, com a família, na mais absoluta miséria. Continua os trabalhos para o segundo livro de *O capital*. Vai a Paris sob nome falso, onde permanece algum tempo na casa de Laura e Lafargue. Mais tarde, acompanhado da filha Jenny, visita Kugelmann em Hannover. Estuda russo e a história da Irlanda. Corresponde-se com De Paepe sobre o proudhonismo e concede uma entrevista ao sindicalista Haman sobre a importância da organização dos trabalhadores.

Em Manchester, dissolve a empresa Ermen & Engels, que havia assumido após a morte do pai. Com um soldo anual de 350 libras, auxilia Marx e sua família; com ele, mantém intensa correspondência. Começa a contribuir com o *Volksstaat*, o órgão de imprensa do Partido Social-Democrata alemão. Escreve uma pequena biografia de Marx, publicada no *Die Zukunft* (julho). Lançada a primeira edição russa do *Manifesto Comunista*. Em setembro, acompanhado de Lizzie, Marx e Eleanor, visita a Irlanda.

1870 — Continua interessado na situação russa e em seu movimento revolucionário. Em Genebra instala-se uma seção russa da Internacional, na qual se acentua a oposição entre Bakunin e Marx, que redige e distribui uma circular confidencial sobre as atividades dos bakunistas e sua aliança. Redige o primeiro comunicado da Internacional sobre a guerra franco-prussiana e exerce, a partir do Conselho Central, uma grande atividade em favor da República francesa. Por meio de Serrailler, envia instruções para os membros da Internacional presos em Paris. A filha Jenny colabora com Marx em artigos para *A Marselhesa* sobre a repressão dos irlandeses por policiais britânicos.

Engels escreve *História da Irlanda* [*Die Geschichte Irlands*]. Começa a colaborar com o periódico inglês *Pall Mall Gazette*, discorrendo sobre a guerra franco-prussiana. Deixa Manchester em setembro, acompanhado de Lizzie, e instala-se em Londres para promover a causa comunista. Lá continua escrevendo para o *Pall Mall Gazette*, dessa vez sobre o desenvolvimento das oposições. É eleito por unanimidade para o Conselho Geral da Primeira Internacional. O contato com o mundo do trabalho permitiu a Engels analisar, em profundidade, as formas de desenvolvimento do modo de produção capitalista. Suas conclusões seriam utilizadas por Marx em *O capital*.

1871 — Atua na Internacional em prol da Comuna de Paris. Instrui Frankel e Varlin e redige o folheto *Der Bürgerkrieg in Frankreich* [A guerra civil na França]. É violentamente atacado pela imprensa conservadora. Em setembro, durante a Internacional

Prossegue suas atividades no Conselho Geral e atua junto à Comuna de Paris, que instaura um governo operário na capital francesa entre 26 de março e 28 de maio. Participa com Marx da Conferência de Londres da Internacional.

Sobre o suicídio

	Karl Marx	**Friedrich Engels**
	em Londres, é reeleito secretário da seção russa. Revisa o primeiro volume de *O capital* para a segunda edição alemã.	
1872	Acerta a primeira edição francesa de *O capital* e recebe exemplares da primeira edição russa, lançada em 27 de março. Participa dos preparativos do V Congresso da Internacional em Haia, quando se decide a transferência do Conselho Geral da organização para Nova York. Jenny, a filha mais velha, casa-se com o socialista Charles Longuet.	Redige com Marx uma circular confidencial sobre supostos conflitos internos da Internacional, envolvendo bakunistas na Suíça, intitulado *As pretensas cisões na Internacional* [*Die angeblichen Spaltungen in der Internationale*]. Ambos intervêm contra o lassalianismo na social--democracia alemã e escrevem um prefácio para a nova edição alemã do *Manifesto Comunista*. Engels participa do Congresso da Associação Internacional dos Trabalhadores.
1873	Impressa a segunda edição de *O capital* em Hamburgo. Marx envia exemplares a Darwin e Spencer. Por ordens de seu médico, é proibido de realizar qualquer tipo de trabalho.	Com Marx, escreve para periódicos italianos uma série de artigos sobre as teorias anarquistas e o movimento das classes trabalhadoras.
1874	Negada a Marx a cidadania inglesa, "por não ter sido fiel ao rei". Com a filha Eleanor, viaja a Karlsbad para tratar da saúde numa estação de águas.	Prepara a terceira edição de *A guerra dos camponeses alemães*.
1875	Continua seus estudos sobre a Rússia. Redige observações ao Programa de Gotha, da social-democracia alemã.	Por iniciativa de Engels, é publicada *Crítica do Programa de Gotha* [*Kritik des Gothaer Programms*], de Marx.
1876	Continua o estudo sobre as formas primitivas de propriedade na Rússia. Volta com Eleanor a Karlsbad para tratamento.	Elabora escritos contra Dühring, discorrendo sobre a teoria marxista, publicados inicialmente no *Vorwärts!* e transformados em livro posteriormente.
1877	Marx participa de campanha na imprensa contra a política de Gladstone em relação à Rússia e trabalha no segundo volume de *O capital*. Acometido novamente de insônias e transtornos nervosos, viaja com a esposa e a filha Eleanor para descansar em Neuenahr e na Floresta Negra.	Conta com a colaboração de Marx na redação final do *Anti-Dühring* [*Herrn Eugen Dühring's Umwälzung der Wissenschaft*]. O amigo colabora com o capítulo 10 da parte 2 ("Da história crítica"), discorrendo sobre a economia política.

Cronologia resumida

	Karl Marx	**Friedrich Engels**
1878	Paralelamente ao segundo volume de *O capital*, Marx trabalha na investigação sobre a comuna rural russa, complementada com estudos de geologia. Dedica-se também à *Questão do Oriente* e participa de campanha contra Bismarck e Lothar Bücher.	Publica o *Anti-Dühring* e, atendendo a pedido de Wolhelm Bracke feito um ano antes, publica pequena biografia de Marx, intitulada *Karl Marx*. Morre Lizzie.
1879	Marx trabalha nos volumes II e III de *O capital*.	
1880	Elabora um projeto de pesquisa a ser executado pelo Partido Operário francês. Torna-se amigo de Hyndman. Ataca o oportunismo do periódico *Sozial-Demokrat* alemão, dirigido por Liebknecht. Escreve as *Randglossen zu Adolph Wagners Lehrbuch der politischen Ökonomie* [Glosas marginais ao tratado de economia política de Adolph Wagner]. Bebel, Bernstein e Singer visitam Marx em Londres.	Engels lança uma edição especial de três capítulos do *Anti-Dühring*, sob o título *Socialismo utópico e científico* [*Die Entwicklung des Socialismus Von der Utopie zur Wissenschaft*]. Marx escreve o prefácio do livro. Engels estabelece relações com Kautsky e conhece Bernstein.
1881	Prossegue os contatos com os grupos revolucionários russos e mantém correspondência com Zasulitch, Danielson e Nieuwenhuis. Recebe a visita de Kautsky. Jenny, sua esposa, adoece. O casal vai a Argenteuil visitar a filha Jenny e Longuet. Morre Jenny Marx.	Enquanto prossegue em suas atividades políticas, estuda a história da Alemanha e prepara *Labor Standard*, um diário dos sindicatos ingleses. Escreve um obituário pela morte de Jenny Marx (8 de dezembro).
1882	Continua as leituras sobre os problemas agrários da Rússia. Acometido de pleurisia, visita a filha Jenny em Argenteuil. Por prescrição médica, viaja pelo Mediterrâneo e pela Suíça. Lê sobre física e matemática.	Redige com Marx um novo prefácio para a edição russa do *Manifesto Comunista*.
1883	A filha Jenny morre em Paris (janeiro). Deprimido e muito enfermo, com problemas respiratórios, Marx morre em Londres, em 14 de março. É sepultado no Cemitério de Highgate.	Começa a esboçar *A dialética da natureza* [*Dialektik der Natur*], publicada postumamente em 1927. Escreve outro obituário, dessa vez para a filha de Marx, Jenny. No sepultamento de Marx, profere o que ficaria conhecido como *Discurso diante da sepultura de Marx* [*Das Begräbnis von Karl Marx*]. Após a morte do amigo, publica uma edição inglesa do primeiro

Karl Marx	Friedrich Engels
	volume de *O capital*; imediatamente depois, prefacia a terceira edição alemã da obra, e já começa a preparar o segundo volume.
1884	Publica *A origem da família, da propriedade privada e do Estado* [*Der Ursprung der Familie, des Privateigentum und des Staates*].
1885	Editado por Engels, é publicado o segundo volume de *O capital*.
1887	Karl Kautsky conclui o artigo "O socialismo jurídico", resposta de Engels a livro do jurista austríaco Anton Menger, e o publica sem assinatura na *Neue Zeit*.
1894	Também editado por Engels, é publicado o terceiro volume de *O capital*. O mundo acadêmico ignorou a obra por muito tempo, embora os principais grupos políticos logo tenham começado a estudá-la. Engels publica os textos *Contribuição à história do cristianismo primitivo* [*Zur Geschischte des Urchristentums*] e *A questão camponesa na França e na Alemanha* [*Die Bauernfrage in Frankreich und Deutschland*].
1895	Redige uma nova introdução para *As lutas de classes na França*. Após longo tratamento médico, Engels morre em Londres (5 de agosto). Suas cinzas são lançadas ao mar em Eastbourne. Dedicou-se até o fim da vida a completar e traduzir a obra de Marx, ofuscando a si próprio e a sua obra em favor do que ele considerava a causa mais importante.

OBRAS DE KARL MARX PUBLICADAS NO BRASIL

Apresentamos aqui uma seleção de obras de Karl Marx traduzidas no Brasil. Entre parênteses, após o título da obra, figura a data de redação ou da primeira edição publicada pelo autor. Para evitar incongruências cronológicas – visto que algumas das edições mencionadas estão indisponíveis para compra e só podem ser consultadas em bibliotecas ou encontradas em sebos –, não figura na seleção a data de publicação no Brasil.

Escritos ficcionais: Escorpião e Félix/ Oulanem (1837)
São Paulo, Boitempo

A diferença entre a filosofia da natureza de Demócrito e a de Epicuro (1841)
São Paulo, Boitempo

Liberdade de imprensa (1842)
Porto Alegre, L&PM

Os despossuídos: debates sobre a lei referente ao furto de madeira (1842)
São Paulo, Boitempo

Crítica à filosofia do direito de Hegel (1843)
São Paulo, Boitempo

Obras de Karl Marx publicadas no Brasil

A questão judaica (1844)
São Paulo, Boitempo

Manuscritos econômico-filosóficos (1844)
São Paulo, Boitempo

A sagrada família (1845)
São Paulo, Boitempo

A situação da classe trabalhadora na Inglaterra (1845)
São Paulo, Boitempo

A ideologia alemã (1845-6)
São Paulo, Boitempo

Miséria da filosofia (1847)
São Paulo, Boitempo

Manifesto Comunista (1848)
São Paulo, Boitempo

A burguesia e a contrarrevolução (1848)
São Paulo, Ensaio

As lutas de classes na França de 1848 a 1850 (1850)
São Paulo, Boitempo

O 18 brumário de Luís Bonaparte (1852)
São Paulo, Boitempo

Formações econômicas pré-capitalistas (1857-8)
São Paulo, Paz e Terra

Grundrisse: Manuscritos econômicos de 1857-1858 Esboços da crítica da economia política (1857-8)
São Paulo, Boitempo

O capital: crítica da economia política
(v. I, 1867; v. II, 1885; v. III, 1894)
São Paulo, Boitempo

Capítulo VI (inédito): manuscritos de 1863-1867,
O capital, Livro I
São Paulo, Boitempo

*Teorias da mais-valia: história crítica
do pensamento econômico* (1861-3)
Rio de Janeiro, Civilização Brasileira

Resumo de O capital (1867-8)
São Paulo, Boitempo

A guerra civil dos Estados Unidos (artigos, cartas e
documentos escritos entre 1860 e 1869)
São Paulo, Boitempo

A guerra civil na França (1871)
São Paulo, Boitempo

*Teses contra Feuerbach; Para a crítica da
economia política; Salário, preço e lucro;
O rendimento e suas fontes: a economia vulgar*
(1845; 1859; 1865; 1862-3)
São Paulo, Abril Cultural

Sobre a questão da moradia (1872-1873)
São Paulo, Boitempo

Crítica do Programa de Gotha (1875)
São Paulo, Boitempo

Sobre a questão judaica (1884)
São Paulo, Boitempo

*A origem da família, da propriedade privada e
do Estado* (1884)
São Paulo, Boitempo

O socialismo jurídico (1887)
São Paulo, Boitempo

Luta de classes na Alemanha
São Paulo, Boitempo

Luta de classes na Rússia
São Paulo, Boitempo

Últimos escritos econômicos
São Paulo, Boitempo

Este livro foi composto em Optima e Palatino Linotype, 11/15, e reimpresso em papel Pólen Natural 80 g/m² pela Lis Gráfica, para a Boitempo, em fevereiro de 2025, com tiragem de 1.500 exemplares.